「すぐやる!」で、人生はうまくいく

夏川賀央
Gao Natsukawa

「できない」を「できる」に変える7つのスイッチ

きずな出版

はじめに 出遅れる人は、損をする！

「すぐやる！」ことは、本書を手にとってくださった皆さんにとって、おそらくは最優先で実現すべき重大問題である……と、私は思っています。

どうしてそう思うのか？

おそらく皆さんにとって、

「どうもグズグズしてしまって、やりたいことが先延《の》ばしになってしまうんです……」

ということは大問題でしょう。

それはよくわかるのですが、この「グズグズ」が、重大を通り越して致命的にすらなる時代が、いま訪れようとしているのです。

典型的な例として、仕事の世界でも重要な存在になったSNSを考えてみてください。最初のころに日本で流行ったのは、ブログから派生した「ミクシィ」のようなものがあり、海のものとも山のものとも、よくわからない存在でした。友だち同士のネットワークなんて、そんなに必要かな……と、誰もが思います。

そこで**「何だかわからないけど、とにかくやってみよう」**と、始めてしまった人がいる。「面白そうだけど、忙しいからな」と、ブレーキをかけてしまった人がいる。

結果、ツイッターだ、フェイスブックだ、ラインだ、インスタグラムだ……と、あらゆる進化が起こり、最初に踏み出した人はそれらの流れにうまく対応していった。中にはファンを多くつくり、空前の売上を達成している人もいます。

けれども踏み出すのを躊躇《ちゅうちょ》してしまった人は、最初のころから、あまり変化していない……。「どうすればビジネスに活用できるのかな」と、いまだ悩んでいたりします。

すぐ動いた人と、動けなかった人とでは、雲泥《うんでい》の差がついてしまっているわけです。

こうした「雲泥の差」は、あらゆる業界で起こっています。

電気かな？　ガソリンと半々のハイブリットかな？　ディーゼルかな？……なんて躊躇しているうちに、すっかりエコカー技術で遅れをとってしまった自動車会社。

一方で自動車会社でもないのに、逸早《いち》く格好いい電気自動車を市場に投入した「テスラ」というメーカーは、いまや世界的ブランドにさえなろうとしています。

ウェブ出版や電子書籍なんて、果たしてどれだけ読まれるのかな？……と、思考停止し、戦略をあまり考えなかった新聞社や雑誌社。

一方で「週刊文春」などは、スキャンダルばかり追っているようでいて、じつは早くからウェブを活用した発信を雑誌の売上に結びつけているわけです。

皆さんはよく、道に迷うことがあるでしょうか？

地図があるのに道に迷う。その大きな理由は、最初に進む道を間違えることにあります。つまり駅を出て、地図を広げ、その時点で重要なのは、「自分が向いている方向は地図のどっちなのか？」ということです。

ここで間違えると、次の道も間違え、その次も違う……ということになります。

そうすると数分もすれば、正しく進んでいる人とは雲泥の差がついてしまう……。これはどこか現代のビジネス事情と、よく似ていませんか？


といって、すぐ道を選んでも、間違ってしまったら、どうしようもないのではないか？

けれどもスマホのナビゲーション機能を使えば、一発で目的地への進路がわかります。

いまの時代、ビジネスにおいては本当のところ、到達地なんてハッキリしないのでは？

しかし、たとえば自分の分身のようなものをたくさんつくって、皆にあらゆる道を選ばせ、それぞれが結果的にどこにたどりつくか瞬時に予測できるとしたらどうでしょう？

最初の道の選択は、それで容易になります。

これらは最新アプリの話でなく、私たちの脳にはちゃんと、それができる機能が備わっているのです。

本書の「すぐやる！」とは、そうした私たちが持っている力を活用し、迷わずに行動できるようになる仕組みに他なりません。

そもそも「すぐ実行する」とは、ただ「そうしよう」と思ったときに、「それをする」だけの単純なこと。

なのになぜ、**その単純なことができないのでしょう?**

これは、「考えてしまうこと」のエラーに理由があります。

人間は考える葦《あし》……と言ったのは哲学者のパスカルですが、そう、私たちは「考える動物」となったことで、進化上で最大の優位を手に入れました。

それは別に哲学者になるためでなく、小動物だった人間がより生存の可能性を高めるために、身につけてきた本能のようなもの。けれどもそれは得なことばかりでなく、本書で述べていくように、優柔不断《ゆうじゅうふだん》で、ダマされやすく、基本的にはナマケモノで、変化を嫌う保守的な動物になってしまったことも事実なのです。

これは現代の仕事にとって、必ずしも有利ではありません。「すぐやる!」を実現するには、私たち自身の性質をまずは知らなければならないでしょう。

人生を振り返ってみてください。

「行動しなかったこと」による失敗は、過去を振り返れば、いくらでも思い当たるでしょう。

「ああ、あのとき、素直に決断していたらなあ」

「このアイデア、自分も考えていたなあ」

「そういえば、これ、私もやりたかったことだった」

「あのとき上司にこう言っていれば、お客さんにこう言っていれば、部下にこう言っていれば……」

「どうしてすぐ、やらなかったんだろう……」

けれどもこれらは、考えた結果、あなたは「すぐやらなかった」のではありませんか？

「考える」のは、もちろん大事なことですし、人間にとって必需の活動には違いありません。でも、「考えてもわからないこと」は世の中にいくらでもあるし、先行き不安な現代では、ほとんど未来の予測などできないのが現実です。

人は考えるときに、「頭の中にある過去の情報」を使用します。自分の経験や、知識として持っていること。しかし、その範囲外にある「過去に起こっていないこと」や、「いままで知らなかった世界のこと」になると、正しい判断ができなくなります。

ですから、重要なのは往年のアクションスター、ブルース・リーが言った、次のような言葉。

「考えるんじゃない、感じるんだ!」

みんな「考えること」はできていたんです。

ただ、「感じること」ができなかったんですね。

起こり得ないことが起こり得るこれからの時代を生き抜くには、「考える」だけなく、「感じて行動できる脳の仕組みづくり」が必要になります。

それが本書で紹介したい、「すぐやる!」です。

「英知を断ち切って、知恵分別を捨て去るなら、人の利益は百倍にもなるであろう」

ブルース・リーの時代よりはるか昔、ちょうど現在のような混乱期だったころに、古代中国の老子は、そんな言葉を残しました。

ひょっとすると本書は、従来のビジネス書で培《つちか》った思考術や仕事術の英知を、すべて捨て去る覚悟で読むことが必要になるかもしれません。

でも、あなたの利益が１００倍になるなら、価値はありますよね……。

何より「あれこれ考えずに試してみる」というのが、「すぐやる！」の第一歩です。期待を裏切らないことは、ここで約束しておきましょう。

［目　次］

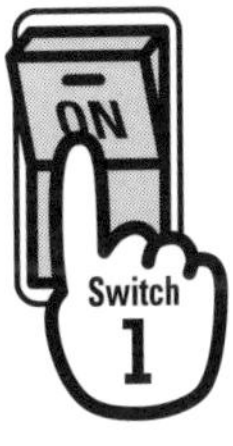

●スイッチ１

シンプルに行動する

――複雑に考えすぎると動けなくなる

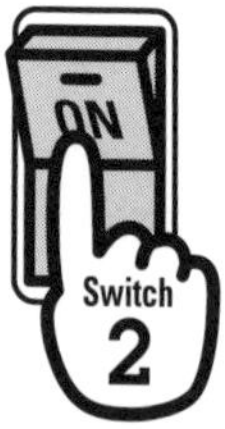

●スイッチ２

具体化する

――できることから始めればいい

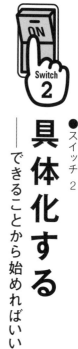

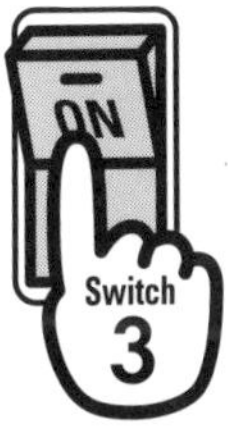

●スイッチ３

制約を無視する

――縛られている自分に気づく

Switch 4

●スイッチ 4

広げて考える

――視点が変われば方法は見つかる

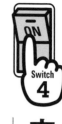

●スイッチ 5

失敗しても反省しない

——いかなる体験も未来に生かしていける

●スイッチ 6

思考の枠を外す

——自由な発想を楽しんでみよう

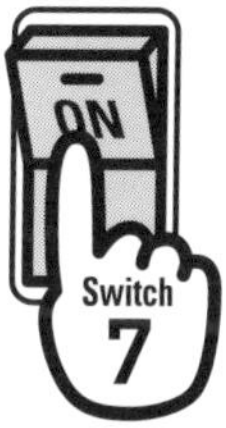

●スイッチ 7

自分を信じる

――失敗しても終わりにはならない

「すぐやる！」で、人生はうまくいく

――「できない」を「できる」に変える7つのスイッチ

本書は２０１１年に永岡書店より刊行された『すぐやる化習慣術』を大幅に加筆、再編集したものです。

●スイッチ 1

シンプルに行動する

複雑に考えすぎると動けなくなる

▼すぐやる！の習慣術

素直に実行する

思いを実現させる人と、できない人、その違い

まずは、イチロー選手の話から始めてみましょう。

彼がメジャーリーグで、レギュラー選手として大活躍しているときのことです。

ある年、開幕から、「あれっ、おかしいな……？」というシーズンがあったそうです。ノーヒットに終わるだけでなく、空振りして三振することも多くありました。

まあ、まだ開幕したばかりだし……。少し落ち込んで家に帰り、彼は奥さんと話します。

すると言われたのです。

「何か近いよね？」

「えっ？」

それは「ベースと自分の立ち位置の間隔」が、以前より近くなっているという指摘。

まさか本当？　素人が適当なことを言ってない⁉　……そんなふうに思いたくもなるのですが、次の日からイチロー選手が何をしたか？

彼は意識的に、ベースから離れて立つことにしたのです。

結果、すぐにバッティングの感覚は戻ります。この年も彼は大活躍して、200本以上のヒットを記録しました。

何気ないことではありますが、スポーツ選手は、ちょっとしたズレが大きなスランプを生み出すことがあります。

イチロー選手はその後、メジャー新記録となる「10年連続のシーズン200本安打」という偉業を達成するのですが、このとき「素人である奥さんが言ったこと」を、何も考えずに、素直に実行しなければ、この記録はあり得なかったかもしれません。

繰り返しますが、本当に「何気ないこと」です。

でも、どれだけの人が、この「何気ないこと」をすぐに実行できるでしょうか？

よくあるケースは、あなたがギリギリの仕事を抱えて、切羽詰《せっぱつ》まっているときです。あなたは手一杯なのに、理不尽で身勝手な要求ばかり押しつける上司から命じられます。

「おい、急な案件が入ったんだ。一つ引き受けてくれないか?」

もう、あなたの頭の中は、上司に対する不満で爆発しそうになるはずです。なにしろ、いま抱《かか》えている仕事で手一杯なのですから。

「そんなムチャな‼　いま手一杯なのが、わからないんだろうか?」

「ムリムリ、いまはそんな時間的余裕なんてない!」

「相変わらず、部下の気持ちなんて一つも考えてないんだ!」

「そもそもこの人は、自分の都合しか考えていないいんだろうな。いつかゼッタイ、この職場から飛び出してやるぞ……」

まあ、いろんなことを考えたあとで、あなたは上司に言います。


「できませんよ!　いまはこちらの案件でいっぱいいっぱいですから」

「そうか?　そんなに手間はかからないぞ、君ならできると思ったんだが……」

「いや、いまは手一杯です……」

何とか断る。でも断ったあとで、我に返ってあなたは、ふと思います。

「本当にできなかったのかな――？」

じつは、できる可能性はいくらでもある。というより、上司が言う〝急な案件〟の中身を、あなたは何も吟味《ぎんみ》しようとしていません。

そしてひょっとしたら、〝急な案件〟は非常に簡単な仕事で、〝目下《もっか》、抱えている仕事〟にまったく差し障《さわ》りを与えずに、しかも大きな成果を上げるチャンスだったかもしれない。

もちろんイチロー選手が奥さんに置くほど、あなたは上司に信頼を置いていないかもしれません。それでも「素直に実行する」ことをしなかったために、チャンスを失っていることは確かなのです。

▼すぐやる！の習慣術

深く考えない

「考えてしまうこと」で、チャンスが失われていく

なぜ、「素直に実行する」ということができないのか？

その理由は、「実行する前に、考えてしまうこと」にあります。

たとえば先の例で〝緊急な仕事がある〟と言ってきた相手が、自分に対する理解もあるし、信頼もできる人だったとしましょう。普通なら、相手に聞くはずです。「どんな仕事ですか？」と。

そして目下の仕事にあっぷあっぷするのでなく、余裕があったなら、「とにかくやってみましょう」という判断はできる。だいたい1か月のスパンがある仕事であれば、いくらでも時間は捻出《ねんしゅつ》できるのが普通なのです。

けれども私たちは〝考えて〟しまいます。

・相手はどういう意図で、この仕事を押しつけるのだろうか？
・理不尽な命令ばかり聞いていて、何になるのだろうか？
・いま大切な仕事は、どっちなんだろうか？
・仮にそれが間に合わなかったら、どうなるのだろうか？

仕事においては、確かに「頭を使ってよく考えること」が大切と言われます。

でも、この場合の「考えてしまうこと」は、どれも実際に起こっている問題とは無関係の事柄です。

ならば、実際に起こっている問題は何でしょうか？

・ずっと抱えていた1か月の期間を要するAという仕事がある
・急にふられたBという仕事がある

Bが上司の言うように「手間のかからないもの」であれば、あとは「A」との調整です。Bが1日でできる仕事だったとして、30日が必要なAが29日になると不可能になるというのは、通常はあり得ないことです。

しかし、この調整は、「Bを受ける」という選択をしない限りできません。いや「受ける」以前に、「検討する」という選択がないか？「とりあえず話を聞いてみる」という選択はできないか？

つまり**問題は、イエスかノーかの二者選択ではないのです。**

そうするとやはり、まず上司の言うことを聞いてみる。そして何も考えず「仕方ない、やってみるか」で決断したほうが、結果として大きな利益を得る可能性は高くなります。

あれこれ「できない理由」を考えてしまうから、「それはムリ」になってしまうだけ。それで私たちは「すぐやる」ということが、なかなかできなくなっているのです。

▼すぐやる！の習慣術

慣れ親しまない
考えれば考えるほど、人間は保守的になる!?

畏《おそ》れ多くも私はインタビューで、とある自己啓発の大家の先生に、「実際のところ、成功する人ってどんな人ですか？」と、核心的なことをいきなり尋《たず》ねたことがあります。

成功するためのセミナーを開催している方ですから、そんなふうに聴講生を最初から判別してしまうようなことを答えられるわけがない。と思いきや、案外と笑って、正直に答えてくださいました。

「それは何も考えず、こっちが言ったことを、素直に実行してくれる人だよね」

キャリアアップ、スキルアップ、お金持ちになる方法、恋愛にアンチエイジングと、あらゆる分野において、この答えは当てはまるそうです。

よくよく考えてみると、確かにそれはわかります。

たとえば、目標をまずは頭に描きなさい。それが絶対に実現すると信じなさい……そう言われて、あなたはどのように思うでしょう?

「ああ、よく言われるよな」

「そんなふうに言って、セミナー講師はファンからお金を稼《かせ》いでいるんだよ」

「うまくいく人なんて、本当はほとんどいないのにね」

自己啓発本の編集に携《たずさ》わって、十何年という私は、すぐそんなふうに考えてしまいます。皆さんの中にも同じように〝疑ってしまう人〟は多いでしょう。

じつは**考えれば考えるほど、疑う人はより疑うようになります。**

なぜなら疑ってさえいれば、実行せずに現状維持《いじ》でいられるのです。いままでの自分を変える必要がありません。

ニューヨーク大学の教授、ゲアリー・マーカス博士によると、そもそも人間の脳では「信じたいことを信じること」と、「合理的に正しいことを推論すること」の区別がつかないそうです(『脳はあり合わせの材料から生まれた』早川書房)。

そうすると、考えれば考えるほど、私たちは合理的に分析しているようで、じつは思考を「慣れ親しんだ考え」に近づけていることもあり得るのです。「慣れ親しんだ考え」とは、次のようなものでしょう。

「自分より専門知識のない人間が、自分より正しい分析をしているわけがない」
「自分が嫌っている上司の言葉が、自分にとって有用であるわけがない」
「忙しい現在、新しい仕事などできるわけがない」

固定観念、世間の常識、自分の嗜好性《しこう》……と、結局はつねに「いままでそう考えてきたこと」に思考は戻ってきます。

「いまだにパソコンになんて触れない！　……と、抵抗している年輩の方」から、「いまだ、社員は夜遅くまで働きべきだと思っている会社」まで、世の風潮が変わっているのにもかかわらず、昔からのやり方に固執《こしゅう》する人が多いのは、こうした傾向の表れでしょう。

「新しい行動を選択すること」も「新しい考えを取り入れること」も、ある意味で自分が慣れ親しんできた〝いままで〟と、違った経験や思考を受け入れることです。

それに対して「新しい行動を選択しないこと」は、〝慣れ親しんできたこと〟そのものです。

だから考えれば考えるほど、私たちは後者について「そのほうがいいかな」と思うようになってしまう。人間の思考は、そういうふうにつくられているのですね。

▼すぐやる！の習慣術

躊躇しない

私が出会った「できる人」たちの考え方

人間の思考は、どうしても〝いままでの慣れ親しんだ思考〟に偏《かたよ》ってしまう……。

ところが、です。やっぱりそういう「思考の限界」を、超えてしまう人はいるのです。それが結局は、仕事において成果を上げている人……ということになります。

たとえば、「素直に人から言われたことを実行した人」として、有名なのはソフトバンク創業者の孫正義《そんまさよし》さんです。

彼は17歳のとき、日本マクドナルドを立ち上げた藤田田《ふじたでん》という有名な創業者が、マスコミで「有力者に会いたいと思ったら、勇気を出して直接訪ねてみることだ」と発言しているのを聞きます。そして、「ならば会いに行こう」と九州の田舎から上京し、その藤田さんのところへ押し掛けてしまいました。

さすがに「藤田田さんに会うのは1週間かかった」とのことですが、そのとき「これからはコンピュータだよ」とアドバイスされるわけです。そのアドバイスに従った結果が、現在のソフトバンクにつながっているわけですね。

伝説的な経営者のアドバイスだったら、人はその言葉を素直に聞くかもしれません。でも、自分より立場が下の人の提案だったらどうか？　アルバイトさんだったり、学生だったり、子どもだったり、見知らぬ人の声だったらどうか？

じつは**成果を上げている人ほど、相手の社会的地位や年齢、性別に関係なく、素直に話を聞くのです。**それは端から見て、非常に気持ちよくさえ目に映ります。

たとえば私の知人には、元銀行員であり、元外務省の官僚であり、現コンサルタントという、ものすごいキャリアの方がいるのです。そんな方から「最近、夏川さんはどんな本を書いているのですか？」と言われると、ちょっと照れながらも「最近は歴史の本を書いているんですよ」なんて答えます。

「歴史は勉強しないといけないと思っているんですが、面白いですか？」

「ええ、私が言うのも何ですが面白いと思いますよ」

「じゃあ、読んでみます」

で、しばらくすると当人のフェイスブックに「オススメの本」として、私の本が感想を添えて紹介されているわけです。これは嬉しいですよね。皆にこうした対応をしているとすれば、この方がいろんなところで引き上げられるのもよくわかるでしょう。


ウォルト・ディズニーがディズニーランドをつくろうと思ったのは、「遊園地って、大人は面白くなくて、疲れるだけだからなぁ」という声を素直に聞いたからだといいます。

松下幸之助さんは、たまたま聞いた姉妹の「コンセントがもう1つあれば、アイロンがけをしながら、スタンドをつけて本も読めるのに」という声を素直に聞き、二股ソケットを開発することで、現在のパナソニックを築き上げました。

私たちは毎日のように、本当はたくさんのヒントを聞いているのです。

うまくいかないのは、それを活用してないだけ。

結局、素直に人の声を聞いて実行する人は、情報をいちばん生かしている人なのです。

▼すぐやる！の習慣術

思いつきを重視する

思いついたとたんに行動する。その結果は？

「素直に実行する」ということの本意は、ただ黙って人の言うことを聞く、ということではありません。

そうでなく、「やったほうがいいだろうと思うこと」や「本来はそうすべきだろうと思うこと」を、忠実にやれることが〝素直さ〟の本質です。

先に言ったように、人はたいてい言い訳をつくって、新しいことに踏み出すのを躊躇します。

「やったほうがいいだろう」と思いつつも、その前に「さあ、いつやろうかな」なんていう考える時間をつくり、最後には「考えた結果、やらない」になってしまう。

たとえば、仕事で外出したときに、面白い料理を提供しているレストランを見つけたとしましょう。

「いつか食べに行こう！」……あなたはそう思います。

でも、実際に食べに行くには、休日などにわざわざ出かけなければいけないのです。

「ランチだけで遠くに行くのもなあ……」

「なんかのついでのときに行こうか……」

そんなふうに先延ばしにするうち、いつのまにか忘れてしまう。それでテレビで紹介されたり、誰かのＳＮＳを見たりして、「あっ、あの店だ！」と思い出すようなことがあるのではないでしょうか？

私たちの日常で、こんな機会喪失は結構、起こっています。

これがレストランに行きそびれたくらいであれば、大きな問題ではないかもしれません。でも仕事においてであれば、「間を置いて考えてしまったこと」によって、知らず識《し》らずのうちにチャンスを失っているのです。

次のようなことに、心当たりはありませんか？

・仕事の間に一瞬、「おや？」と浮かんだアイデア
・上司などに、「聞いてみようかな？」と思ったこと
・仕事をしている最中に、「こうやったほうがいいんじゃないかな」と思いついた改善案
・「何だろう？」と疑問に思った数々のこと……

結局これらを「素直に実行する」ことができないから、私たちはいつまでも新しいステージに自分を進められないわけです。

でも、実行する人は、ちゃんと結果を出しています。

たとえば私がお世話になっているエージェント会社の社長であり、数々の作品が映画化されている作家としても有名な鬼塚忠《おにつかただし》さんのケースです。彼はどういうわけか、専門家でもないのに、明治大学から歴史の講義を依頼されました。テーマは坂本龍馬です。

「しかし専門家でもない自分が講義して、聴いている人は喜ぶだろうか？」

「そもそも、いったい誰が講義をしたら、面白いんだろう？」

すぐ浮かんだ答えは、こういうものです。

「そりゃ、いちばん面白いのは、龍馬自身が講義することじゃないか……」

当然ながら、150年前に世を去っている龍馬が、いま講義をすることなんてできません。ムリに決まっているのですが、鬼塚さんは、そう考えなかったわけです。

知り合いの劇団俳優に依頼をして、坂本龍馬になりきってもらう。そして自分がシナリオを書き、現代に呼び出した龍馬による講座を実現してしまいました。

当初こそギャラの多くを俳優の出演料に割《さ》くことになりましたが、講座は大人気となり、いまや千利休やマリー・アントワネット、クレオパトラなど、各種の講座を全国で開催しています。

かつて本田宗一郎さんが、スポーツカーのデザインを任せたとき、出来上がった案を見て、彼は激怒します。

「こんなの格好よくないじゃないか！」

彼はデザイナーに、「とにかく、格好いい車を描いてみろ」と紙を渡します。出来上がったのは誰しもが格好いいと思うような車。まるでフェラーリのように車高が低く、前がとんがっている流線型の車……。

「このデザインと違うじゃないか？　そういうのをつくってみろよ？」

「それはムリですよ。２人しか乗れない上、値段も高くなってしまう」

「そこを工夫するんだろう？」

とにかく埒《らち》があかない。だからデザイナーは、実現できないか何とか工夫してみます。

そうしたら、ちゃんとできてしまったわけです！

これは「プレリュード」という人気車になりましたが、ようするに本田さんが言いたかったのは、「あれこれ考えず、いちばんいいアイデアを追いかけてみろ」ということ。

私たちは本当はできるのに、ついつい言い訳をつくって、チャンスを回避していることが多いのです。

▼すぐやる！の習慣術

とにかく、やってみる

「深く考えずに実行する習慣」をつくる

「リーダーは、根源的な変化が現実に起こっている瞬間を認識し、すばやく果敢に行動しなければならない」

そう言っているのは、「インテル」という会社を世界的大企業にした、アンドリュー・グローブという経営者です。

『決断力の構造』（ノール・M・ティシー＋ウォレン・ベニス著、ダイヤモンド社）という本では、この経営者を「優れた決断ができた人物」と大評価しています。

それは「やろう」と決めたら、とにかく覚悟を決めて、迅速に行動したから。その背後には、「ことの重要性は知っていたけれど、考えあぐねているうちに手遅れになってしまった」マネジメントの例がたくさんあります。

もちろん、それはリーダーの話だけではありません。ユニチャームの創業者・高原慶一朗さんは、「机の前にいる時間が長ければ長いほど、頭をひねればひねるほど、私たちは最高の解答から遠ざかってしまう」と述べていますが（『理屈はいつも死んでいる』サンマーク出版）、現場で思いついたことは、現場で実行しなければ意味がないということなのです。

とはいえ、「すぐ実行する」ということは、そんなに簡単なことではありません。『決断力の構造』によれば、必要なのは知性に価値観、それに情報処理能力……ですが、結局のところそれらは「学習の過程で養成されていくもの」と述べています。勉強し、経験を積んでいくしかない、ということなのです。

確かに私たちの多くは、自慢できるような経験があるわけでないし、ズバ抜けた直観力もなければ、アンドリュー・グローブさんのような知性や情報処理能力を持っているわけでもありません。だから思いついたことをすぐ実行するとして、思いついた通り100パーセント完璧な形で実現できるかは怪《あや》しく思ってしまいます。

でも結論は、「**とりあえず思いついた以上、やってしまおうか**」なのです。

やってしまえば、たいてい多くのことは検証を繰り返しながら、自分なりのやり方で解決できます。

それこそ「学習の過程で養成されていく経験」なのです。

たとえばビジネス書を読む、ということで考えてみましょう。

「営業マンのためのお客さんとの話し方」でも「売れる企画の立て方」でも何でもいいのですが、1冊の本を読み、「こんなやり方でいいんだろうか？」と疑心暗鬼《ぎしんあんき》に考えてしまう。そこで今度は別の本を見つけてきて、「こっちのほうがいいかな？」と考える。でも納得できずに、また別の本に手をつける。セミナーでも、とにかくいろんな話を聴いては、すぐ次を探していく……。

こんなことを繰り返している人で、話し方がうまくなったり、売れる企画を立てられるようになった人はほとんどいません。

1冊の本を読めば、「やってみよう」と、すぐ次の日にでも実践する。「ちょっと違うな」と思ったら、自分なりに改良してみる。その過程で違う本を読めば、それも加えて自分の方法にオプションをつけていく……。

こういう人が、最後にはオリジナルな方法を開発して、どんどんレベルを上げていくわけです。


つまり「経験」とは、「インプット（入力）」ではなく、「アウトプット（出力＝実行）」を繰り返さなければ、役に立つものとして蓄積されないわけです。

逆に**「やってみる」を繰り返していけば、そこから新しい経験や知識がどんどん身についていきます。**

これは現場での仕事についても同じで、いざ踏み出してしまえば、時間的な制約を超え、上司や対お客さんなどの人間関係から生じるトラブルを克服《こくふく》し、会社に関わるあらゆる障壁を打開する方法はいくらでもあるのです。

次の章からは、その方法にもっと踏み込んでみましょう。

●スイッチ 2

具体化する

できることから
始めればいい

▼すぐやる！の習慣術

条件反射で動く

行動の差は、ここまで結果を左右する

仕事において、反応の早い人には、よく感心させられます。

たとえば私は月に一度の勉強会を開催しているのですが、当然ながら、その場で初対面の人同士が参加されることがあります。

「こちら◯◯さん、いろんなイベントを開催しています。そして、こちらは営業のお仕事をしている△△さんに、デザイナーの□□さんです」

そんなふうに紹介をしたあと、2、3日すると、あれ不思議⁉ SNSで公開された◯◯さんのイベントに、ちゃんと紹介した2人が写っていたりするわけです。「いったい、いつ誘ったんだろう?」と、ビックリしてしまいます。

もちろんセミナーを開催している人であれば、いろんなところで参加してくれるお客さ

んに出会いたいし、営業の仕事をしている人であれば商品を買ってくれるお客さんに出会いたいでしょう。でも、出会う人すべてがお客さんになるわけではないし、片《かた》っ端《ぱし》から勧誘したり、セールスしたりでは、露骨《ろこつ》すぎて相手にも嫌われてしまいます。

だから原則、皆に営業をかけるようなことはしていません。

それでも**「相手が興味を持ってくれそうだな」と思ったら、ちゃんと自分にできることをアピールして、自分の仕事につなげているわけです。**ようは先のことをどれだけ予測し、目的に向けて迅速に反応できるかが、機会を生かすコツになっているのですね。

後に大成功者となった人物も、成功のきっかけはといえば、こうした迅速な反応が発端《ほったん》となっていることはよくあります。

かのアップル草創期の話です。マックの前身であり、本当の意味で「パソコン」と呼べるような画期的なコンピュータ「アップルI」を開発したのは、ご存じこの会社の創業者であるカリスマ、スティーブ・ジョブズ……ではありません。

共同創業者となった、スティーブ・ウォズニアックという技術者でした。

ウォズニアックが大発明をしたあと、「これは売れるよ！」「会社をつくろうぜ！」と、半《なか》ば条件反射的にビジネスに対するさまざまな行動を開始したのが、まだ20歳くらいのスティーブ・ジョブズです。それに対してウォズニアックはといえば、勤めていたヒューレット・パッカード社で、「どうにかこの商品の開発許可が下りないかな？」と試行錯誤《しこうさくご》していたわけです。

まあ、ウォズニアックの行動は、会社に勤める技術者としては当然でしょう。

ただ、当時は「パソコン＝個人向けのコンピュータ」など需要はない！……と考えられていた時代です。案の定《じょう》、会社からは「ウチではムリだよ」と言われて落ち込んでしまうのですが、そのころジョブズは勝手に営業を始めていて、「5万ドルの受注をとってきたぞ」と成約まで結んできてしまっていたのです。

起業への道は、このとき決定づけられました。

後に世界的な経営者となるジョブズに対し、早々とリタイアして、地味な立場に追いやられてしまったウォズニアック。その差は最初から、「すぐ行動できるかどうか」の違いにあったわけです。

▼すぐやる！の習慣術

熱いうちに打つ

どうして「考える」より「行動する」が早くなるのか

スティーブ・ジョブズのように、「いま独立して会社をつくるべきだ」なんていう瞬間は、普通のビジネスパーソンにそうそう訪れるものではないでしょう。

けれどももっと私たちの身近なところで、**瞬時の行動が結果を分けている**ことは、よく起こっています。

実際に私の仕事には、多いのです。たとえば編集者さんや出版プロデューサーの方に、「こんな本を思いついたのですが、企画書をつくってみませんか？」と連絡を受けることがあります。

この企画書というのは、ようするに会社の企画会議などにかけるもの。編集者さんが「こんな面白い企画ですよ」とプレゼンをし、それから編集長さんなり社長さんなりがＯＫを出すことで、一つの本の企画が動き出すわけですね。

でも、企画書というのは、当然ながらそうそう簡単にできるものではありません。実際、頼む側の頭の中にアイデアはあっても、連絡を受けた私のほうは初耳なわけです。それから資料を読んでイメージをつくり、類書と差別化する特徴を打ち出し、構成を考えて……となれば、案外と骨を折る作業になります。でも、これを1週間なり2週間なりと時間をかけてしまうと、とんでもないことになってしまうのです。

「頼まれた企画書、メールで送りました！」

「ありがとうございます！　でも、えっと、それ何でしたっけ……」

極端な場合ですが、**相手はすっかり忘れている。**そうでなくても、すっかりモチベーションが落ちている⁉

それも当然で、だいたいアイデアを思いついた瞬間が、「これはうまくいくぞ」というワクワク感のいちばん高いときなのです。時間をかければかけるほど、1章で述べたように「本当に売れるのかな？」という疑問も浮かんできます。

だから頼まれたとき、見切り発車をしてでも企画書をまとめ、次の日やその次の日に提示すれば、編集者さんは「やりたい」気持ちが強いから、強引にでも上司を説得して実現してくれる可能性がある。逆に時間をかければかけるほど、どんなに完璧な企画書をつくったとしても、「これ本当に売れるの？」なんて上司に言われたとき、「やっぱムリですかね〜」などと妥協《だきょう》されてしまう可能性が高くなるわけです。

同じことは、営業の仕事にもよくあるでしょう。お客さんと話をして、相手はいま、非常に「買いたいな」という気持ちが高くなっている。だから「もう一声、安くなりませんかね」なんて最後のお願いに入っています。

ここで、「そうですか？　では、お客様の要望に応えられるよう、戻って上司と相談しましょう」などという対応をしたらどうなるでしょう？

戻って上司に許可をとり、お客さんに電話をしたら、こんなことになります。

「いや、あれからよく考えたのですが、さすがにいまの自分には大きな投資すぎるかなと思いまして……」

もう**相手は「買いたいな」の気分ではなくなっているわけですね。**

瞬時に対応ができる「ビジネス反射神経」が求められるのは、こういう場面なのです。

▼すぐやる！の習慣術

ビジネス反射神経
あなたに「ビジネス反射神経」はありますか？

「ビジネス反射神経」という言葉、おそらく皆さんは、あまり聞いたことがないでしょう。それは当然で、私がいま勝手につくった言葉です（笑）。

何を適当な、と思うかもしれませんが、そもそも「反射神経」という言葉自体。ある意味で適当な言葉。私たちの体に、そのような神経が通っているわけではないのです。

生理学的には、主に脳に情報が伝達され、意識的な決断が行われる前に、私たちの体で自然に起こる反応を「反射」と呼んでいるようです。

たとえば画鋲《がびょう》を踏んづけたとき、私たちは頭の中で「痛いっ！　て言うより、ここは英語でお洒落《しゃれ》にアウチ！　と言ってみようか」なんて判断していませんよね。勝手に叫び声が上がって、飛び跳《は》ねています。

どうしてかといえば、起こっている問題は「足に画鋲が刺さっている」という異常事態なのです。「どうするかな?」と考える前に、まずは刺さったものを抜かなければどうにもなりません。だから**脳で判断する前に、勝手に体が行動を決めるわけです。**

会社を人間の体になぞらえれば、先の例のように「営業が会社に戻って上司に許可をとる」というのは、条件反射でなく、通常のメカニズムで判断がくだされる場合でしょう。

本の仕事でも、ときどき編集者さんと意気投合して、「こういう内容にしたらインパクトがありますね」とか、「こんな奇抜《きばつ》なタイトルにしましょうか」などと盛り上がることがあります。

ところがやりとりをしているのは、著者である私と、担当編集者さんとの間でだけ。だから「帰って編集会議にかけますね」ということになるのですが、数日待たされて、「やっぱり営業のほうからは、否定的な意見が多くて……。あまり冒険はせず、今回は無難な形でいきましょう」という結論になることはよくあるのです。

すると待った時間のロスだけでなく、ノリノリだった気持ちも削《そ》がれますから、こちらの仕事もスローダウンしてしまうのはわかると思います。

これが編集長さんクラスの方々になれば、「いいですよ、夏川さん。いま言った形で、原稿を進めてください。会社のほうには私から通しておきます」と、その場で決定をするわけです。私のほうはすぐ仕事に入れますし、ノっている状態で仕事にとりかかるから、スピードも速く、質のいいものが仕上がることは想像できますね。


決裁権がある人はいいな……と、そんなふうに感じる方もいるかもしれません。

でも、じつは若手でまったく決裁権のない編集者さんでも、ときどき同じことをやる人がいるのです。「会社のほうには私が通しておきます」と言って、その場で自分で決断し、私に仕事を進めさせてしまう……。

若手でも仕事が認められていて、意見が特権的に通るのかな……と思いきや、じつは案外とそうでもない。あとで「営業のほうから、もう少し無難にやってほしいという注文がありました」「あのタイトルは難しいですね」などと、〝そう言いながら通らない〟ということは、しばしばあります。

でも、「とりあえず、いまの形で進めてください。私のほうで判断して、必要なら修正をお願いするようにします」と、**流れを中断せずに「あとで辻《つじ》つまを合わせる」**ようにするわけです。実際はそのほうが、スピーディに仕事は進みますね。

つまり、本当は「誰が決断をするか」でなく、「自分の側でどうにかする」という心構えがあるかどうかが問題なのです。

先の営業のように「お客さんとどれくらいの値段交渉ができるか」などの問題は、上司の決断を仰《あお》がなければならないかもしれません。けれども「どうにかする」という心構えがあれば、「何とかする手段」は、いくらでも出てきます。

たとえば数年前に私が車を購入したとき、値段は「あと一歩」という感じで私は迷っていたのですが、当時担当していた新人の営業の女性は「ちょっと待ってください」と、外出中の支社長を携帯で大忙ぎで呼び出し、強引に決済を取りつけました。

まあ、「本当にその値段でいいの？」という価格だったので、よかったのかどうかはわかりませんが、やろうと思えばいくらでも「どうにかすることはできる」のです。

▼すぐやる！の習慣術

YESで反応する①

条件に対し「YES」で反応を始める

問題は、その「どうにかする」が、自分の中に習慣として根づいているか？　ここに「ビジネス反射神経」の秘密があります。

リッツ・カールトン・ホテルといえば、ご存じのように、世界でも最高峰のホスピタリティ（おもてなし）で知られるホテルです。さまざまな業界の会社が、ここのやり方をお手本にしようと努力しています。

そのサービスの基本は、やはり「反射神経」と呼べるようなものです。つまり**お客さんがこれを要望していると思えば、即座に対応する。**しかもハウスマンやベルパーソンであったり、メイドさんであったりという現場の人々が、その場で判断をしていくから、迅速にお客さんのニーズにも応えられるわけです。

この反射神経には、訓練された「意識の高さ」が背景にあります。

たとえばサービスレベルの最《もっと》も高い、コンシェルジュと呼ばれる相談係の方々がいます。

前田佳子《よしこ》さんの『伝説コンシェルジュが明かすプレミアムなおもてなし』（ダイヤモンド社）という本を見ると、窓の外を旅客機が飛んでいるのを見つけ、「あれが欲しい」と言い出したお客さんの話が出てきます。すると前田さんは、航空機会社に問い合わせ、それからボーイング社に問い合わせて、商談ができないか打診をしてみるわけです。

もちろん、たとえ1機を買うお金があったにしろ、大きな飛行場が必要だし、飛ばすためのスタッフもある程度必要になる。結果的には「ムリ」であり、最初からよく考えれば「そりゃあそうでしょう」と思えます。

でも「ムリ」とは考えない。**要望されたら、自分の仕事として、それが実現できるように行動する……**。これが「ビジネス反射神経」ということなのです。

それができるのは、まずは「お客さんの要望を断らない」という核心的なものが、コンシェルジュの頭に刷り込まれているからでしょう。「NOと言わない」が、まずは仕事をする上での原則になっているわけです。

「NOと言わない」。裏返すと、それは「YESで反応する」ということです。

・もう少し安くなりませんか？　……**はい（イエス）、何とかしてみましょう**

・急な案件が入ったんだけど、引き受けてくれるか？　……**はい（イエス）、やってみます**

・ウォズニアック「面白いものをつくってみたんだけど、どう思う？」

ジョブズ「本当だ、**これは面白い（イエス）**。よし、これでビジネスを起ち上げよう！」

いままで見てきた話は、全部このように「最初がイエス」の反応で、考える前の行動がうながされているわけです。

ならば、やることは簡単、**あらゆることに「イエス」で対応していけばいい。**そうすれば、すべてはうまくいく……。なんだかそれでは、怪しげな新興宗教のようになってしまいそうですね。

あくまで重要なのは、「行動を自分に起こさせる」ということです。そのためには、まずプラス方向に反応した、小さなリアクションをすることが必要になります。

▼すぐやる！の習慣術

YESで反応する②
「できる」の発想と「できない」の発想

何にでも、イエスと言う……。

たとえば、好きでもない人に「結婚してくれ」と言われてしまった。そんな場合に、「はい」と即答することなんてできません。でも、答えが「ノー」しかないかといえば、じつはそうでもありません。

仮にあなたが女性であるとして、まあ、タイプとしては、まったくあり得ないほどではない。ひょっとしたら大バケするかもしれないし、最悪の場合の選択肢としては妥協できるレベル。そのうち好きになるなって日も、あるいはあるかもしれない……。なんていう**「微妙な答え」の範疇《はんちゅう》は、いくらでもある**わけです。

すると上手な人は、「いまはお友だちとして、お互いをよく理解しましょう」とか、「あなたが私に相応《ふさわ》しい男性になったらね」などと、「イエスだけどノー」といった、男性側にとっては何とも難しい回答をするか。

それで半ば利用されているような煮え切れない状態で末長いつき合いが続いたり、そのあげくその男性の格好いい友人をゲットしていたり……なんてこともあるでしょう。

ようするに「イエスでなければ、すべてはノー」とか、「結婚するか、人間関係を抹消するか」などという**二者選一の世界で世の中は成り立っていません。**その問題はあとの章でも取り上げることになりますが、「微妙なイエス」という回答は、いくらでも存在するわけです。

まあ、私は恋愛の専門家ではありません。その分野では、ときには「絶対にノー」もあり得るのでしょう。けれども、仕事の分野は確実にそうではありません。

たとえば、よく行われるのは、交渉分野でのことです。

スポーツジムで、新しいダイエットのプログラムが始まったとする。「コーチが半年間ついて、値段は20万円です！　いかがですか？」と言われれば、さすがに私は絶対に「ノー」。

そんな余裕は、残念ながらありません。

でも、そのあとで「そうですか。残念です。でも、そのプログラムで使われるサプリメントが、いまなら5000円ですよ！」と言われるのです。

「20万はムリだけど、それなら……」

私は案外と、こういうやり方に乗せられてしまう。

大きな条件を出して「それはできない」と思わせたあとで、小さな条件を提示する。

心理学では「ドア・イン・ザ・フェイス」と呼ばれる方法ですが、「この商品は買わない人も、この商品なら買うのではないか」という、「イエスとノーの間でできること」を探すから成り立つ方法になります。

▼すぐやる！の習慣術

「ナマケモノ」を追い出す

判断する前に動けるようになるには

ビジネス反射神経というのは、「イエスかノーか」とか、「『できる』か『できないか』」と考えているのでは成り立ちません。

問題に遭遇《そうぐう》するや「できる」、何か言われれば「イエス」で、まさに迷うことなく体が動き出すことが条件になってきます。

よくビジネス寓話として語られる、ジャングルの未開地を訪れた2人のセールスマンの話がありますね。

ジャングルにいた部族がみんな裸足で歩いているのを見て、1人は「大チャンス、みんなに靴が売れる！」と大喜びし、1人は「ダメだ。ここでは誰も靴を履かない」と考える。

前者のようなプラス思考があれば、これほど強力なビジネス反射神経もありません。

けれども、そんなプラス思考を、簡単につくることができるのでしょうか？

性格を変えようとか、ネガティブに考えてしまう自分の悪いクセを修正しよう……なんて思っても、そう簡単にはいきません。

それより、**もっと自分の欲望を刺激することを考えるのです。**

脳科学を生かした能力開発トレーニングには、「リフレーミング」という手法があります。

これは簡単に言ってしまうと、その人がふだんから慣れ親しんでいる思考パターンに対して、「別の思考パターンのほうが、ずっといい」ということを、意識の中に刷り込んであげる手法。

たとえば毎日寝坊をしてしまう人は、それが会社にとっても悪いことだし、上司から怒られることもわかっています。

でも、「寝坊した結果起こる、ネガティブなこと」より、「あと数分、寝床にいることの気持ちよさ」が勝っているから、いつまでも習慣を変える意欲が起こりません。

ところが「あと数分、寝床にいることの気持ちよさ」を凌駕《りょうが》する「ワクワクするもの」

が朝早く出勤することの中に見出せれば、その人の思考パターンは変わります。具体的には早く出勤して誰かと話すことを楽しみにしたり、朝一で机に飾ってみたサボテンに水をやることを一つの喜びにしてみる……。

内容は何でもいいのですが、「こっちのほうがいい」という感情が意識に芽生えれば、それだけで思考パターンは変わっていくわけです。

そこで前章では、「考えれば考えるほど、私たちは慣れ親しんでいる思考に傾いていく」という話をしました。そうなってしまうのも、「慣れ親しんでいる思考」から導き出される行動は、いつもやっていることだからラク……という感情があるからでしょう。

忙しいときに頼まれごとをされた。「え〜と、引き受けたいんだけど、いまはなあ。あれもあるし、これもあるし……」なんてブツブツ言いながら、「NO」と拒否をする。そのほうが仕事を増やさなくて済むし、ラクなわけです。

新しいアイデアを閃《ひらめ》いた。「でもムリだなあ」と否定するのは、そうすれば「アイデアを実現するための努力」をしなくて済むからです。いままでやってきた、「いつもの仕事を踏襲すること」に戻ればいい。

結局、言い訳は何であっても、私たちは「ナマケモノ」なわけです。

誰もがその、「ナマケモノ」である点は変わりません。

でも、たとえばリッツ・カールトンホテルのコンシェルジュなら、「怠《なま》けたい」よりも、「ノーと言わないで、お客さんを喜ばせたい」の気持ちが勝っているから、迷わずに「イエス」と応えて動き出します。

スティーブ・ジョブズのような経営者であれば、「新しいビジネスで成功したい」という意欲のほうが勝っているから、「新しい思いつき」に、すぐ対応して動き出します。

ようするに肯定した先の未来の形なり、自分の望むものがハッキリしていれば、人はあれこれと悩むことなく、行動を起こして、望むものに近づく工夫をしていくのです。

先の靴のセールスマンの例だって、「みんな裸足だから売れる」と考えるのは、間違いなく「売上が欲しい」とか「セールスで名乗りを上げたい」という意欲が、「面倒なことはしたくない」という気持ちに勝っている人でしょう。

そんな人であれば、仮に最初は見向きもされなくたって、何人かの人にサクラになってもらって靴の快適さをアピールしたり、まず部族長に靴をプレゼントして履いてもらったりして、売れる工夫をしていくはずです。

何が正解かという問題ではない。

これは自分がどんな正解を望み、その正解をどれだけ欲しがっているかという問題なのです。考える前に、私たちはそれを頭の中に描いている必要があります。

▼すぐやる！の習慣術

目的をハッキリさせる

意識の中に願望を刷り込んでしまう

よく物事を前向きにとらえよとか、ポジティブシンキングをしろと言われますが、「望む正解」を頭に描いて行動することは、もっと簡単にできることです。

朝、会社に来たら、自分の会社が倒産していた……そんな状況を考えてみてください。その先、自分にはどんなことが起こるか？　いろいろなことが思い浮かびます。

・いったいどうして、こんなことが起こったんだろう。誰が悪かったのか？
・経営者たちの話が聞きたい！　いま、どこにいるのか？
・いったい私たちの人生を誰が保障してくれるのか、政府は助けてくれるのか？
・家族そろって路頭に迷うかもしれない。妻は何と言うかかな？

・仕事が決まらなかったら、どうしよう？　ひょっとしたら一家心中とか？
・まさか、まさか、きっとすぐに新しい勤め先が見つかるはず。いまよりずっと、いい会社に就職できるかもしれないぞ！
・まあ、しばらく休んでなかったから、いいチャンスかな。旅行にでも行くか……

何が正解か……と考えていたって、キリがありません。あるのは「自分がどの正解を選ぶか」という問題だけで、実際には考えるまでもなく、選ぶべき行動は最初から「明らか」なんだと思います。

現に私の知っている人は、会社が倒産した同じような状況で、すぐ取引先の経営者に「じつは大変なことが起こりまして」と、報告＋アピールの電話を片っ端からかけました。結果、数週間後には、取引先の会社にスカウトされる形で入社しているわけです。

現在、会社で仕事をしている方から、「本当はもっとやりたいことがあるんだけど、なかなか業務に縛られてできないんですよ」という不満を、私もよく聞きます。

でも、「望む正解」が見えているなら、考えるまでもなく、それを「やる」という行動が優先され、それから**「どうやって、いまの日常と両立させるか」**という調整になってくるはずです。そうならないのは、「やりたいことをやる」ことの重要性が、まだ自分の中で認識されていないからでしょう。

レスキュー隊や救命医療チームの仕事を考えてみてください。あるいは消防士でもいい。前に、家の近くのドラックストアに何台もの消防車が停まっていたことがありました。

えっ？　火事？　でも、どこも燃えているわけではない。警報の誤作動だったようですが、こうしたことは案外あるとのこと。けれども彼らが出動するのは、「火事だったなら、それを消す」という目的がハッキリしているからです。

ひょっとしたら出動したあと、「あそこはまた誤動作じゃないか」とか、「よくあるイタズラかもなあ」なんて考えるのかもしれません。でも、それは現場を見たあとで確かめればいいこと。選ぶべきことは明らかでしょう。

「イエスで反応する」とか「『できる』で反応する」というのは、この「目的」に忠実な行動を選択することです。反応しなければ、目的に逆らうことになります。

▼すぐやる！の習慣術

自分が望む形を決める

「体が先に動き出す」ように

スイッチ2では、「ビジネス反射神経」というものを考えて、話を進めてきました。この、そもそもの「条件反射」という現象を解明した実験として、有名な「パブロフの犬」の話があります。

これはよく知られるように、ほおに手術をされて、唾液が測定器に流れるように施された可哀想な犬……なのですが、イワン・パブロフ博士は、この実験でノーベル賞をもらいました。ついでにいえば、犬のことも非常に可愛がっていたとか。

ベルを鳴らしてからエサを与えるということを繰り返していけば、次第にエサを与えなくても、ベルの音だけで唾液《だえき》が分泌されるようになる……これが「条件反射」です。

会社が倒産した場合の例で考えたように、何かコトがあれば、私たちはいろんなことを考えてしまいます。でも、考えるのはほどほどにして、とにかく**「自分が望む未来の形」をとっとと一つ決めて、そこに向かって行動してみる。**

これをクセにしていけば、やがては反射的に「イエス」と反応して行動していくようになるのです。考えるのは、行動を決めたあとだって、いくらでもできます。

実際、私自身だって「ビジネス反射神経」なるものが、研《と》ぎ澄まされた人間ではありません。ハッキリ言えば、ネガティブでグズです。けれども独立し、いまのような仕事をするようになって長くなれば、「やるべきこと」は黙ってたって見えてきます。

たとえば、パーティのような社交的な場は、元来あまり好きでない。そこに仕事上のつき合いのある方から、よりにもよって「仮装パーティ」のようなものに招待されることだってあります。

「え〜、マジかよ」「いったい、どんな格好をしていけばいいのよ？」と頭の中で否定要因が駆《か》けめぐる前に、言葉では「楽しそうですね。ぜひ行かせてください！」なんて答えているわけです。

それでも、「簡単に行動できない」という方はいらっしゃるでしょう。スイッチ3ではそんな方のために、行動を妨げる「否定要因」に目を向けてみましょう。

●スイッチ 3

制約を無視する

縛られている自分に気づく

▼すぐやる！の習慣術

アイデアはお宝に変わる

すごいアイデアがボツになったとき、どうする？

あなたは商品開発部にいて、つねにヒットを狙《ねら》っているアイデアマンである、としてみましょう。

ある朝、目覚めたら、スゴいアイデアが閃いたのです。

「やった！　これはすごいかも！」

あなたの頭の中には、企画した商品が爆発的な売上を上げている様子、社長から表彰されて高額のボーナスをもらっている様子、さらには日経新聞やらビジネス雑誌の「ヒット商品開発者に聞く」のような特集で、自分が得意満面でインタビューを受けている姿が思い描かれます。

ついに自分にも、運がめぐってきた……。

得意満面であなたはその日、企画書をつくろうと、誰よりも早く出勤します。そして早速、パソコンの前に座って、市場データを調べます。

そこでショックを受ける。

自分が思いついたアイデアは、すでにライバル会社から、1年も前に商品化されていたのです。

どうして気づかなかったのか？　なぜなら、その商品はまったく売れなくて、早々と市場から消えていたから。

「いいアイデアだと思ったのになあ……」

意気揚々と出勤してきただけに、しばらくは脱力状態かもしれません。

それでじゃあ、どうするか？

「どうするか？」と言われても、それはどうしようもないでしょう。また新しいアイデアを探すしかない。今回、思いついたアイデアは、もちろんボツにして……。

普通はそうです。

少し前に同じ商品が発売され、大失敗している。これ以上に「ボツになる理由」として、明確なものはありません。

ところが、そういう明確な理由があるにもかかわらず、商品化に踏み切って、大成功した商品というのが世には結構あるのです。

たとえばカーナビ、こちらはなんと、1980年代には発売されていたものだとか。ただし携帯電話すらない時代、現在の衛星を使ったものと異なり、普及はしませんでした。

これからの主流になりそうな電気自動車は、もともとガソリンの自動車が生まれる前から、すでに発明されていたもの。自動ブレーキも、90年代に日本のメーカーが実用化していたものでした。

アップルの「iPod」も「iPad」も、技術的には新しいものでなく、すでに商品化されていた技術。「ルンバ」でブレイクした自動掃除機も、すでに80年代に日本のメーカーで開発されていたもの。ドローンにいたっては、50年代から米軍では使われていたそうです。

さらにあげていくと、「楽天」の通販サイトも、たくさんのネットショッピングサイトが下火になっていく中で出来上がっていますし、グーグルが現われたのも、多くのポータルサイト同士の競争が終結しかけたころ。「うまくいくわけがない理由」ならば、いくらでもありました。

かつて私が編集者だった時代の話を述べれば、いまや50万部のロングセラーになっているハウツー本があるのですが、もともと単行本で出版されて、まったく売れていなかったもの。これを文庫にしたら、大ヒット作になってしまったわけです。

ようするに**「売れる理由」も、「売れない理由」も、あんまり当てにならない**ということ。

「すごい企画を思いついた……でも失敗例があった」という事実は、本当はボツになる理由にはならない。逆にチャンスを失っている可能性もあるわけです。

むろん、失敗例を無視して、突っ走ることは容易でありません。けれども、「条件」や「可能性」をせばめる「理由づけ」を頭から追いやれば、私たちはもっと行動できる幅を広げられます。

▼すぐやる！の習慣術

マイナスに関連づけない

なぜ「血液型判定」が当たるのか？

「血液型判定」というものがあります。いまでも血液型占いの本は人気がありますし、皆さんの中にも、血液型を気にしている方は多いと思います。

けれども、この血液型による性格分類、科学的にはまったく否定されています。「遺伝子」が性格を決める要因にはなっても、A型、O型という血液のタイプは、ほとんど当人の特徴を決める要因にはならないそうです。

でも、どういうわけか、この「血液型分類」って、当たりますよね。

私などは大ざっぱな性格ですから、O型ですね？　と言われれば、まったくその通り。

A型の人、B型の人、AB型の人、自分は典型的だな……と思っている人は、案外と多いでしょう。

「では、やっぱり血液型って、当たるんじゃないか？」

と、思いたくなるのですが、じつはそうではありません。たとえばA型の人であれば、自分の行動や特質の中から「A型によく見られる」というものを抜き出して、「ああ、私はA型っぽいな」とこじつけている。ただ、それだけのことなのです。

実際、私の知人はA型人間の典型とやらで、几帳面《きちょうめん》で、細かいことを気にするし……と自分について言っていました。ところがご結婚され、妊娠し、病院で血液鑑定をしたら、20代後半にして「じつはO型だった」ということが判明したそうです。

すると「なんだ、血液型なんて、当たってないじゃない」となりそうですが、当人はその逆。今度は「ああ、私はいいかげんなところがあるし、楽天的なところはO型だったんだなあ～」なんて、別の関連づけを行っているわけです。どんな血液型の特徴でも、誰でもどこかに当てはまる部分はあるのでしょう。

薬学博士の池谷裕二《いけがやゆうじ》さんによれば、もともと脳には、「勝手に二つの事象を因果関係で結び付けてしまう」性質があるそうです（『単純な脳、複雑な「私」』講談社）。

たとえば風邪をひいたので、薬を飲む。治れば私たちは、「薬の効果で治った」と解釈します。けれども科学的には、これで薬の効果が証明されるわけではありません。

実際は、時間が経過したから、単に自分の治癒力で治ったかもしれないのですが、その可能性は考慮されない。私たちはどうしても、「薬を飲んだ」と「風邪が治った」という事実を因果関係で結びつけるわけです。

こういう「結びつけ」は、おそらく人間が進化の過程で育《はぐく》んだものなのでしょう。

たとえば狩猟採集の時代、派手な色のキノコを食べたら、笑いが止まらなくなって死ぬかと思った……。このとき因果関係をすぐ結びつければ、同じような変わったキノコを見たとき、「食べるのはやめておこう」と考えます。

「村のAさんが、小さな動物に噛《か》まれて死んだ。どうもヘビらしい」ということであれば、山でヘビを見かけたら近づかないようになる……。事実はわからないのですが、結果的にはリスクを減らし、人類がより生き残りやすくなったことは確かでしょう。

その効果は、現代でも少なからず出ています。「全身、黒いスーツを着て、真っ黒いサングラスをかけた男性にすれ違ったら、ぶつからないようにしよう……」とか。

これも「可能性」だけの問題で、そうすべき根拠があるわけではありません。ひょっとしたらものすごく気弱で、日の光が苦手な人かもしれない。でも、**意識的に避ける行動をとることで、余計なリスクを減らすことは確実にできるわけです。**

けれども、たとえば上司に「君の話はわかりにくい」と注意された次の日に、お客さんとの商談に失敗した。だから「自分のコミュニケーション力が足りない」とか、ましてや「自分は営業に向いていない」と考えるのは、果たして本当に正しいのでしょうか?

あるいは「失業率がピークに! 再就職できず、仕事にあぶれる若者が増加」というニュースを見て、「ああ、いまは転職の時期じゃないんだ。我慢しなきゃな」と、悪い条件で働くのを容認するのは正しいのでしょうか?

実際は、わからないのです。もちろん、コミュニケーション力を磨いたり、チャンスを待ったりするのは、選択肢の一つです。それで結果がよくなることもあるでしょう。

でも、**「仕事が向いていない」「あきらめるべきだ」とマイナスに関連づけていく限り、私たちの選べる選択肢が限られていく**ことも事実なのです。

すぐやる！の習慣術

理屈を信じない

私たちは皆、「面倒くさいヤツ」

よく知られる心理実験で、学生に「つまらない仕事」をやらせて、満足度をはかるものがあります。このとき一方のグループにはほどほどの報酬を、もう一方にはまったく労力に見合わない報酬で我慢してもらいます。

その上で、「今回の仕事がどれほど意義のあるものだったか？」と聞きます。つまらない仕事にも、一定の満足感を見出したのはどちらだと思いますか？

じつは「見合わない報酬」しか、もらえなかったグループなのです。

いい報酬をもらった人は、「自分がこれほどつまらない仕事をしたのも、この報酬のためだ。だからいいじゃないか」と、行為に対する合理的な理由づけができる。しかし労力に報酬が見合わないグループは、そうできません。

だから「報酬は低かったけれど、意義のある仕事はできたじゃないか」と、別の形で自分の行動に理由づけをするわけです。

前章では「私たちはナマケモノである」という話をしましたが、さらに加えて、**私たちはあれこれ理屈をつけないと動けない。**基本的には「面倒くさいヤツ」なんです。

こうした「理屈づけ」は、あらゆる場面で行われています。そしてこの理屈づけを、私たちはまた「ありがたがって求めてもいる」のです。

だって、そうではありませんか？　たとえばセミナーなどで、成功した人のノウハウを聞くことを考えてみてください。

自分はこういう理由で成功できた。こういう理由で事業がうまくいった。あるいは大勢のお客さんを、こうやって獲得した。その「理屈づけ」を知れば、私たちは同じように自分もうまくいくことを期待します。

けれども忘れてならないのは、これらの理屈づけはすべて、「自分がうまくいった」という、結果があってからの「根拠探し」で見出されていることがほとんどなのです。

「だから信憑性《しんぴょうせい》がない」などというつもりはありませんが、「同じようにやれば誰もがうまくいく」なんていう簡単なものではありません。どんな分野で成功した人でも、現実にはそのときのいろいろな行動や、人の縁、あるいは運が左右して、最終的には時間をかけて「うまくいく結果」にたどりついているわけです。

そして、いちばんバカバカしいのは、こうして〝理屈〟をたくさん聞いて、「自分は、まだまだだな」と行動の機会を待ち続ける人です。

・自分には起業センスが足りないから、独立するのはもう少し勉強してからだ
・マネジメントスキルが足りないから、リーダーシップをとるのはまだ早い
・コミュニケーション力が足りないから、もっと腕を磨き、人間関係を広げよう

自分自身に足りない成功要因を埋めてから……ということで、理屈としては正しく見えるのですが、実際は行動をしない言い訳になっている。論理思考、ロジカルシンキングが、「うまくいかない理由」になることもあるのですね。

▼すぐやる！の習慣術

条件に縛られない
その条件が整うのをいつまでも待っていると

たとえば、あなたがお店を出すとしましょう。ケーキ屋さんなんて、いかがでしょうか？決意したとたん、「成功するための条件」は、たくさん生まれてきます。ケーキ屋さんであれば、「味がよい」とか、「素材にこだわっている」とか、「立地がいい」とか。

では、それらの条件がそろっているお店が、現実には成功しているのでしょうか？

関西で働いている知人のパティシエが上京したとき、数人で恵比寿、代官山、中目黒の有名なケーキ屋さんを軒並みまわってみたことがありました。その結果わかったのは、意外と人気店の立地がよくはないし、それほど〝お洒落な店〟という雰囲気でもないことです。ついでにいえば、味も……。「へえ」と意外に感じるところもいくつかありました。

味は美味しいのですが、本当に「こんなところにあったんだ！」とビックリしてしまう場所にあるのが、かの有名な「Toshi Yoroizuka」の恵比寿にある本店です。駅からもずいぶん歩くし、やはり少し歩いたところにある恵比寿ガーデンプレイスをのぞけば、周辺に目立つような集客施設もありません。本当に〝地味〟という感じの場所にあります。

だいたいこのお店、カフェのように「その場でケーキを食べるお店」ではありません。購入して食べた人から、口コミで伝わるしかない。それでも評判を集めて人気店になっているのですから、**もう「理屈」の世界ではありません。**

同じように、山口県は岩国市の山奥の蔵元でつくられる日本酒でありながら、いまや世界的なブランドにもなっている「獺祭《だっさい》」というお酒があります。かつて安部首相が、来日した当時のオバマ大統領に贈ったことでも話題になりました。

このお酒をつくったのは、「旭酒造」という地元の会社ですが、社長の桜井博志さんが書いた『逆境経営』（ダイヤモンド社）という本によれば、１９８０年代には倒産寸前になっていたそうです。社長さんは、命を断《た》つことすら考えたとか。

そんな会社が新開発したのが「獺祭」だったのですが、そのコンセプトは開き直って、「徹底的に自分たちが求める味にこだわる」ということ。

お酒の醸造《じょうぞう》というのは、通常「杜氏《とうじ》」という専門の職人さんが行いますが、「旭酒造」さんはその職人さんを排除し、社員で研究して、醸造をゼロから実施することにしました。さらに「お酒に使うお米」まで、農家に任せず、自分たちで自社開発することにしたわけです。

マーケティングでも積極的に海外進出をしたり、「お酒ＢＡＲ」を出店したりと、従来の常識にとらわれない方法を模索。気軽に飲んでもらえるようにと、スパークリング日本酒の開発にも力を注ぎます。

そんな苦心の努力が実を結び、「すごいお酒だぞ」という評判が生まれたのです。そうなってしまえば、どんな僻地《へきち》でつくっていようが、関係ありませんね。

▼すぐやる！の習慣術

思いを優先する

待っていても何も起こらない

「旭酒造」が倒産寸前のときの状態から一気に飛躍した選択は、決して論理的ではなかったし、王道とまったく外《はず》れたやり方でした。

しかし、自分が「そうしたい」と考えた道を信じ、結果が先につながるように工夫を続けてきたのです。その結果、「獺祭」の大成功にたどりつきます。

AとBという二つの選択肢があるとき、現在は情報にあふれていますから、どちらがうまくいく可能性が高いかを推測することはできるでしょう。つまり、「過去にこういう事例があるから、このほうがうまくいく」という論理づけが、いくらでもできるわけです。

しかし**本当に大事なのは「自分がどちらを望むか」**であって、それ自体はじつのところ「考えるまでもないこと」であるはずなのです。

ならばAを望むなら、潔《いさぎよ》くAを選び、選んだ上で起こってくる問題に対処していけばいい。「あらかじめシミュレーションして、できるかどうか考えてみること」にさほどの意味はありません。

先に私は、「セミナーなどで、成功した人のノウハウを聞くこと」について、「聞いて真《ま》似《ね》たって、自分に当てはまるわけではない」ということを申しました。

でも、本を読んだり、セミナーで話を聞いたりして、その通り自分のビジネスを飛躍させる人はいます。

とはいえ、そういう人をよくよく見ると、やっていることは言われたことや本に書いてあることとまったく違っているし、「あれ、あの先生、そういうふうには考えるなって言ってなかった？」と疑問に感じるようなところもあるのです。そこで聞いてみると、こんな答え。

「そうだっけ？　でも、先生は信じれば何でもできるって言っていたじゃない？　それに触発されてがんばったんだから、やっぱあの人のおかげだよ」

当人は完全に、その通りに実践しているつもり。

ようは話を都合よく解釈しているのですが、それでも「うまくいく」のは、あくまで勉強したことを一つのきっかけにして、行動に踏み出し、それ以降は自分なりのやり方で、さまざまな問題を乗り越えているからなのです。

何でも勉強したことを「行動のきっかけ」にできれば、そこから道は開け始めます。あとは試行錯誤して前に進んでいけばいい。

一方でどんなに勉強し、成功した人の考え方をどれだけ理解したとしても、行動を始めなければ何も起こりません。

「自分がそれだけのレベルに成長したら行動を起こそう」と考えている限り、いつまでもその時期は訪れないわけです。

▼すぐやる！の習慣術

部分的に実行に移す

動けるところだけ、先に動いておく

「行動を起こす」ということを、とても難しく考える人がいます。でも難しく考えるのは、すべてのことを完璧にやろうと思うから。たとえば「独立して新しいビジネスを始めよう」なんて考えていると、なかなか会社を辞めるような決断はできません。でも、「ちょっと余裕のある時間にサイドビジネスをしてみよう」と思えば、アフィリエイトのようなことでも、あるいは休日に小さな勉強会を開催してみることでも、そう難しいことではない。

ようは「**確実にできること**」**から、まず突破口を開いてしまえばいい**のです。

既刊『時間を使う人、時間に使われる人』（きずな出版）では、「サラミアプローチ」という手法を紹介しました。それは1本のサラミをスライスするように仕事を細切れにして、各個撃破《かっこげきは》していくという手法です。

たとえば、「1冊の本を書く」という仕事です。私のような仕事をしていると、あまり長文を書いた経験のない方からは、「よくそんなことができるね」とは、ことあるごとによく言われてしまいます。

でも、難しいことではないのです。目次を先につくってしまえば、各項目はだいたい原稿用紙で4枚から6枚程度。書きやすいところからでも1日1項目書いたとすれば、だいたい2か月で1冊が仕上がってしまう。そう言われると簡単そうに聞こえませんか？

脳の力を活用したリハビリを専門にしている菅原洋平《すがわらようへい》さん、という方が書いた『すぐやる！』（文響社）という本によれば、勉強する習慣をつくるためには、「帰宅したらカバンからノートを取り出し、1行目に日付を書く」ということからでも構わないそうです。たったそれだけからでも、人は〝大いなる行動〟の第一歩を踏み出すことができるわけですね。

私の知人に『人生のモヤモヤは歩くだけで消える』（秀和システム）という本を出版した猪狩大樹《いがりまさき》さん、という方がいます。ウォーキングを題材にした本なのですが、本職はトレーナーでなく、テレビ局の営業マンです。

テレビ局の営業マンですから、彼はもともと非常に忙しかったのです。そして忙しさのあまりに、ありとあらゆることを犠牲にしてきました。ストレスも大量に抱え、爆発することもたびたびだったとか。

ところが、あるときを境に**「時間がなくてムリと思っていたいろんなこと」を、とにかく少しずつでも始める**ようにしていきます。

そのきっかけが「書くこと」だったそうですが、その後いくつかの勉強会に参加し、音楽の習い事を始め、アイスホッケーをしたり、ウォーキングのメルマガも発行しだす……。すると、「全部できた」のです。

勉強会では講師まで務める立場となり、音楽は三味線だったのですが、師匠と呼ばれる立場となり、アイスホッケーの選手になり、ウォーキングではサークルを主催するとともに、本まで出版することになりました。もちろん営業の仕事も、第一線で活躍し続けています。

いったいどうすれば、そんな時間が捻出できたのか？

別に難しいことではありません。

「これをやろう」と動き始めさえすれば、「ああ、明日に時間が少し空《あ》くから、その時間にやろう」と決めるだけのこと。

自分が動き出しさえすれば、やりくりする時間などいくらでも生まれてくるのです。

「いまの自分には時間がなくてムリ」という理由づけをしている限り、何も行動は始まりません。

▼すぐやる！の習慣術

論理的に考えない

論理は人を思考停止にする

スイッチ3では、「理由づけ」の弊害《へいがい》をずっと説いてきました。この「理由づけ」を徹底的にやろうとするのが、いわゆる論理思考、「ロジカルシンキング」というものです。

そもそも論理というのは、よく言われる「why so ?」「so what ?」。「なぜ、そうなの？」「だから何？」と、「理由を重ねていく考え方」。述べてきたように人間は理屈をつくりたがる動物ですから、論理的に説明されてしまえば、それは納得しやすいものになります。

けれども、論理的に考えることで行動がうながされるかといえば、必ずしもそうではありません。

どうして自分は仕事がうまくいかないのか？

それは効率が悪いからだ。

なぜ効率が悪いのだろう？

それはいつも仕事に遅れが生じるからだ。

どうして仕事に遅れが生じるのだろう？

それは一つひとつの仕事がうまくいっていないからだ。


こんなことをやっていても、埒があきません。あなたが上司であれば、「そんなことを考えるヒマがあったら、とっとと仕事をしろ！」と活を入れたくなるかもしれません。

そもそもこうした思考も前提が間違っていて、一つひとつの仕事に遅れが生じるのであれば、効率よく集中できるよう、抱える仕事の件数を減らすことが最も手っ取り早い手段でしょう。

ところが仕事の絶対数を減らすと、今度は「それでは仕事がうまくいっていることにならない」という矛盾《むじゅん》が生じるわけです。仕事量か？　労働時間か？　時間当たりの利益なのか？　何に重きを置くかを考えていない。

残業が減らず、時間に振りまわされる日常が変わらないのは、ここに原因があるわけです。

このような**論理矛盾はいろんなところにあり、あたかもそれが常識のように固定してしまっている**こともあります。

たとえば、「学力の高い子どもには読書が習慣づけられている割合が多い」というデータがある。だから「子どもにもっと読書をさせよう」という論理が生まれるのですが、『「学力」の経済学』（中室牧子著、ディスカバー21）という本によれば話は逆で、「読書する」から「学力が高い」のでなく、単に「学力が高い」から「本を好む」ようになっているだけかもしれないわけです。

それどころか、本当は読書が問題なのでなく、親が子どもに「この本を読んでみたらどうだ？」なんて助言するほど、教育への関心が高いことが重要なのかもしれない。だとしたら無責任に本をたくさん買ってあげ、「お前、これ読め！」なんて押しつけるのは、かえって逆効果かもしれません。

論理的に考えることが悪いとは言いませんが、あくまでその方法は「理由づけ」によって、選択の幅を限定するものです。これは以下の有名な例文が示す通り。

「人間は死ぬ」

「ソクラテスは人間である」

「ソクラテスは人間だから死ぬ」

あくまでも〝限定する〟ための思考です。

だから論理づけができたからといって、結局は「それだけのこと」になってしまう。

私たちが行動するために必要なのは、論理によって〝深く〟考えることでなく、発想を飛躍させて〝広く〟考えることなのです。

「人間は死ぬ」

「だったら少しでも長く生きるために運動しよう」

という具合ですね。

●スイッチ 4

広げて考える

視点が変われば
方法は見つかる

トリックを考える

この密室殺人の謎が解けますか？

名探偵になったつもりで、ちょっと考えてみてください。

あなたの会社で殺人事件が起こりました。被害者は、他ならぬ会社の社長です。

犯行現場は、こともあろうに業務時間中の社長室。凶器は鈍器《どんき》による殴打《おうだ》。いつも社長が自慢していた、ゴルフクラブを使ったものと考えられます。

容疑者は、つねづね社長を恨《うら》んでいた専務です。しかし問題は状況で、社長室には内側からしっかり鍵がかけられていました。合鍵は使用された形跡がありません。

もちろん窓の鍵も内側からかけられていたし、オフィスは地上14階にあるのです。他に秘密の出口はないし、天井を探しても、ダクトのような出入りできる場所は見当たりません。犯行は完全な密室で行われました。

争った形跡もなければ、悲鳴を聞いた人間もいない。いったい専務は、どのようにして社長を殺害することができたのだろう……。

さあ、このミステリーが、あなたに解けるでしょうか？

……なんて、じつはまったく難しい問題ではありません。別にゴルフクラブが宙を舞うような仕掛けを考える必要はないのです。ただ、専務がスキを見計らって、思いっきり殴っただけの話です。

でも、犯行現場は密室だったのでは？

もちろん、その通り。だから専務は、部屋の外に出ていません。つまり、殺害現場にそのまま立っていたわけですね。しかもゴルフクラブを持って……すぐ御用になりました。

そんな卑怯《ひきょう》な？　と思うかもしれませんが、最初から私は「密室に死体だけが置かれていた」とはひと言も言っていません。何かトリックがあるものと、最初から考えていた人が見事にダマされているのです。

密室殺人は簡単な問題だったかもしれませんが、心理学の検証で実際に行われたのは、こんな実験。次の数字の並び方から、いったいどんな法則があるのかを答えよ、というものです。

１５５１５５５１５５５１５５◯

さて、どんな数字が入るか？　◯に入るのは、普通なら「５」でしょう。「１５５５」を繰り返すのが、その法則に見えます。

でも、さらにこんなふうに数が続いていったら、どうでしょう？

１５５１５５５１５５５１５５１５５１１５５

さらに

１５５１５５５１５５５１５５１５５１１５５１５１５５５

ひょっとしたら、ず〜っと長い数の周期を見て、一生懸命に法則を導き出そうとするかもしれませんね。

じつはこの数字配列にある法則は、「1か5が必ず繰り返される」というものです。だから次に来る数字は、1の可能性もあれば、5の可能性もあるのですが、それでも「法則」には変わりません。まったく見た通りのものです。

ただ、私たちは数字の並び方を見て、「法則」という言葉を聞いたとき、必ず次の数を予測できるように考えてしまいます。

つまりこの実験で検証されたのは、いったいどれだけの人が固定観念を外して考えられるかということ。それは決して、容易なことではなかったようです。

私たちは「考えている」ようでいて、最初からたくさんの可能性を排除してしまっています。

「ナマケモノ」「面倒くさい」に続いて、私たちは非常に「ダマされやすい」存在であるわけです。

▼すぐやる！の習慣術

広げて考える①

私たちは「常識」に弱い

前章では、「論理思考の欠点」について考えました。

論理的に思考する際に、私たちは「Why？（なぜ？）」という疑問を自分にぶつけ、果てしなく理由を追求します。しかし、それで思考は深まっても、決して"広がって"はいきません。

先の殺人事件の話であれば、「密室はどのようにつくられたんだろう？」と考えても、「トリックなんてないんじゃないの？」という発想は出てきません。「どんな規則で数が並んでいるのだろう？」と考えていっても、「並びにある法則とは規則的なものなの？」という疑問は出てこないわけです。

そこで重要なのは、「**固定観念にとらわれずに、思考の幅を広げる**」こと。「Why？」でなく、最初から「how？（どうしようか）」で、行動を選ぶための思考を開始することです。

たとえば、大手企業の下請《う》けをやっていた中小企業が、仕事がなくなり、とても困っている……という話はよく聞きます。

非常に大変であり、ぜひともがんばっていただきたい。でも、「なんでオレたちが、そんな悲運を味わわなければならないんだ？　大企業が悪い、国も悪い、何とかしろ……！」と言っている限り、何も打開策は出てきません。

「いままでの主要取引先がなくなる。どうすれば会社を維持できるのだろう？」と、思考を切り替えない限り、新しい選択肢は生まれないわけです。

・では、大企業でない取引先を自分たちで探したらどうか？
・いままでの商品を誰も買ってくれないなら、誰かが買ってくれる別の商品をつくってみてはどうか？

「そうは簡単にいかない」という方もいるでしょうが、現実にはアジアに直接販路を見つけにいって、息を吹き返している会社もあります。

また、建設会社が食料品で成功したり、印刷会社が健康食品で成功したりと、業態転換に成功した会社も多くあります。たとえば富士フィルムなどは、カメラのフィルムがなくなったあとでも、医療機器であったり、化粧品であったりと、別分野でちゃんと会社の規模を守っているわけです。

古い例をあげれば、デンマークの「レゴ」という会社は、もともとは木材業だったのが、木が不足したことにより、模型業へ転進をはかったのがきっかけです。いまやプラスチック製のブロックで世界的ブランドとなりました。

韓国のサムソンはもともと商社ですし、トヨタだって最初は織り機のメーカーだったわけです。**「自分たちにはこれしかない」という発想を打ち破り、可能性の枠を広げれば、いくらでも「どうにかする方法」は生まれてくるのです。**

▼すぐやる！の習慣術

広げて考える②

他人のせいにしている限り、自分の思いは叶わない

可能性の幅を広げるというと、本書のテーマと異なり、むしろ考える量を増やすのではないかと思われるかもしれません。

けれども現実は逆で、考えすぎる人に限って〝深く〟は考えていても、〝広く〟は考えていないものです。だからすぐにダマされるし、「考える時間」ばかりが過ぎていきます。

本当は**浅くてもいいから、広く考えるべきなのです。**すると自分が選ぶべき行動は、案外とすぐに決まります。

たとえば、定時に帰る習慣をつくろうと決心した。そうすれば会社が終わったあとの時間を使い、もっと有意義なことができるのではないか。でも、夕方の6時から9時までの

時間に、いったい何ができるだろうか……？　そう考えていても、目標のハッキリしない人は、なかなか「やるべきこと」が見つかりません。

ところが、じゃあ「今年1年のうちにやりたいこと」とか、「今後、数年のうちに実現したいこと」は何だろうかと考えてみる。

すると「今年は念願の海外旅行に、何としても行きたいな」とか、「英語をもっと上手に話せるようになりたいと思っていたな」と、いろんな願望は思いつくわけです。

そんな願望が出てきたら、「夕方の6時から9時までにやること」は簡単です。海外旅行の情報収集をしてもいいいし、英会話のスクールに通ってもいい。

「終業後の時間にやること」が、「仕事の代わりに何をするか」という枠組みを超えていないから、いつまでも自分のやるべきことが見出せず、定時に帰るモチベーションにならない。結果、残業したり、家に帰ってもボーッとしているようになってしまうわけです。

「会社が終わったあとの時間」であれば、**すべての選択肢は、自分で自由に決められる範疇にあります。**だから〝広く〟考えることは簡単でしょう。

しかし会社で命じられている仕事のように、〝自由にならなそうなこと〟になると、とたんに私たちは、「選択肢のパイ」を小さくしてしまいます。


会社の立場上、自分にはできない……。

上司があぁだから、ちょっとムリだなあ……。

世の中が不景気だから、しょうがないなあ……。

いまは時間にも、お金にも余裕がなくて……。


これらはもっともなようで、そうでない。やはり枠を超えて〝広く〟考えることができていないのです。

「会社の立場を度外視して行う方法」なり、「上司の目をかいくぐって実現させる方法」なり、「不景気なりにやる方法」や「お金や時間をかけずにやる方法」を最初から度外視しているから、「できるようにする方法」に至っていないだけ。

でも、本当に枠を超えて発想すれば、できるの？ ――できますとも！

▼すぐやる！の習慣術

広げて考える③

会社が認めない「やりたいこと」を優先的に実行する

「会社の立場を度外視して行う方法」、「上司の目をかいくぐって実現させる方法」、「不景気なりにやる方法」の三つを考えてみましょう。

まず「**会社の立場を度外視して行う方法**」です。私の知っている会社の社長さんは、某企業で働きながら準備をして、ついに独立してしまいました。

この起業は会社にも内緒で、資金も時間も、もともとなかったのです。なのに独立したときには、何人ものクライアントを抱えていました。

どうしてそれができたかといえば、人脈なんて大きなものではありません。ただその方は、いろんな会に出没しては、「共同で会社をつくれる人」を探したわけです。

しかも、時間がある程度自由になる、フリーランスの立場の人。すでに確立している仕事はあるのですが、セミナー業務のビジネスプランを自分でつくり、相手の事務所を窓口にしながら、自分が業務を受ける形をつくります。結果、本当に独立するころには、もう事業の仕組みが安定軌道に乗っていました。

次に「**上司の目をかいくぐって実現させる方法**」ということで、私の例を紹介しましょう。編集者時代、「どうしても上司が認めなかった企画」があったのですが、それを実現させるためにやったのは、「別の部署の上司に相談して〝面白い〟と感じてもらったこと」です。30人規模の組織でこれができるのですから、大きな組織ならばいくらでもやりようはあるでしょう。

「**不景気なりにやる方法**」だって、たとえば私の知人には、数十万円するような高額のセミナーに、ほぼ無料で参加している人がいます。どうしてそれができるかといえば、主催者に職務経歴書を出し、「ボランティアとしてお手伝いさせてもらいたい」と志願したのです。「お金を払って学ぶ」の発想を変えれば、「無料で働いてもプラスになる」わけですね。

会社の上司が「ダメ」といったことを徹底的にやり抜いた方に、「青色発光ダイオード」の発明で知られる、中村修二さんがいます。米国カリフォルニア大学サンタバーバラ校の教授であり、2014年にはノーベル物理学賞も授賞しました。

中村さんは技術者としてメーカーに就職し、最初は会社に言われるままで研究開発を続けていました。しかし結局それでは、自分のやりたい研究ができません。

努力も会社は認めないし、給料も上がらなければ、権限も持てない。しかも新しい研究を始めようとすれば、ことごとく否定される……。

ということで会社の命令を無視し、会議にも出席しなければ、電話にも出ないという「不良社員」に生まれ変わってしまったわけです。

クビになるかな？　そうなりませんでした。じつはやってみたら、案外と「不良になること」はできてしまった……。そののち「青色発光ダイオード」を開発し、発明の対価をめぐる争いも起こりますが、結果的に会社には大きな利益を生み出し、個人の研究もノーベル賞にまでつながっています。

▼すぐやる！の習慣術

実現できる前提

「できないから、どうする」でなく「できる、さあどうしよう」

飛行機の発明者といえばライト兄弟ですが、その概念を考えた人は、レオナルド・ダ・ヴィンチの時代から大勢いました。でも実際につくりあげた人は、なかなかいません。

そもそも「つくったって、重い機械が本当に飛ぶわけがないでしょう」という固定観念が強かったし、つくった人もことごとく失敗してきました。上空の風力に対し、機体を安定させることができなかったそうです。

だから「できない」が普通だったのですが、**ライト兄弟は「できる」と考えた。**

しかも「機体を安定させることができる」でなく、「安定しなくても飛ぶことはできる」と信じたのです。結果、パイロットがバランスを調整するシステムをつくり、発明を実現しました。

結局のところ「**自分にはできない」のは、最初から「できない」の枠でしか物事を考えられていないから。**固定観念の犠牲になってしまっているわけです。

大切なのは、「できないから、どうするか?」という〝深く考える思考〟を排除すること。むしろ、「できる、さあ、どうしよう」で考えるのが正しいのです。

ビジネス書というのは、何らかの仕事をしている人が、自分にプラスになる何らかの能力を身につけ、いままでできなかったことより、高いレベルのことができるようになるために読まれます。

それが一般的に「勉強する」ということであり、まったく間違ったことではないのですが、スピーディに成長している人は案外と、そのような「勉強」をしていません。

つまり、「いまの状態→勉強して成長した状態→新しいことを実行」ではない。

「**いまの状態→新しいことを実行→補うために勉強**」が、正しいということです。

実際、切羽詰まって勉強するときは、ほとんどがそうでしょう。たとえば私が独立したときだって、あとから経理実務の勉強がついてきました。

私が大学受験をしたとき、希望の大学には「小論文」の試験が入っていました。そんなものは当時の高校でほとんど勉強しないから、慌《あわ》てて勉強し直した経験があります。同じような経験をしたことのある方は多いでしょう。

でも、最初から小論文の勉強を一生懸命にやって、「よし、自分はすごい文章が書けるから、その力で入れる大学に行こう」と考えた人はいないと思います。それでは「手段」と「目的」が逆になってしまう。

それを考えると、

「自分には◯◯の能力がない↓だからできない」

とか、

「いまの自分では力が足りない↓少し努力してからやろう」

という発想が、そもそも変なのです。

もちろん能力開発に一生懸命になっている人を否定するつもりはありませんが、「これだけの能力が身についたら何かを実行しよう」では、行動が遅れるだけ。実際、勉強は熱心だけど、相変わらず人生に何も変化が起こっていない……という人は多いのではありませんか？

私たちは、「これをやる」と思い立って踏み出してみれば、あとでそれに必要なことを身につける学習能力を、ちゃんと身につけているのです。

もっとそれを、信じてみてはいかがでしょうか？

根拠もなく、それでも大胆に踏み出した人は、案外と大勢いるのです。

「ミキモト」という世界的な真珠のブランドを立ち上げた、御木本幸吉《みきもとこうきち》さんという戦前、戦後に活躍した人物がいます。

もともと彼が何者だったかといえば、うどん屋さんでした。それが外国相手に着物や水産物を売る商売を手がけ、のちに真珠の養殖に目をつける。その過程で養殖業のノウハウも、宝石商のノウハウも、海外の市場で成功できるマーケティング力までも身につけ、あのエジソンまでをも感服させたそうです。

私たちの人生を振り返れば、小学校では中学生になるために必要な勉強をして、中学校では高校生になるために必要な勉強をして、高校になったら大学に入るための勉強をして……と、「何かができるようになって、次に進むための勉強」の繰り返しでした。だからそれが、社会人になっても続いているように錯覚《さっかく》しています。

それこそ私たちが打ち破るべき、固定観念なのです。

いままでの学習経験が培った常識や、一見そう見えるだけの世の中の仕組みに、ダマされてはいけません。

▼すぐやる！の習慣術

非効率を歓迎する

つまらないことからでも何かを学ぶ

「何かができるようになって、次に進むための勉強」が将来につながらないとすれば、仕事がうまくいっている人は、案外と勉強を重んじていないのではないか、と思うかもしれません。

けれども実際は、「できる人」の多くが勉強家です。たくさんの本を読むし、セミナーや勉強会に足しげく通っている人も大勢います。

つまりそれは、「できない」を補う勉強をしているのでなく、「さあ、どうしよう」のあとに続く、選択肢の幅を広げるために勉強をしているわけです。

考えてみれば当然のことで、「私たちは一人ひとり、違うことを考えている」とすれば、二人の本を読めば二通りの考え方が、2000人の本を読めば、2000通りの考え方が頭にインプットされる……ということになります。

もちろん、それほど記憶効率や情報検索能力の優《すぐ》れた脳を持っている人はいないでしょうが、ようするに「何通りもの考え方」にふれてきた人のほうが、**「さあ、どうしようか？」のあとに新しい行動をうながせる力**は、当然高くなるわけです。「会社のマニュアル」とか「上司から教えられたこと」しか頭にない人と比べれば、その差は歴然としたものになるでしょう。

そうすると、じつは「自分が学びたいジャンルの本」や、「自分が真似したい人」の本ではなく、むしろ「まったく違う世界の人」とか、「まったく違う考え方の人」の本を読んだほうが、選択肢の幅は広くなります。それは当然で、「自分がしてこなかった新しい考え方」を経験することになるからです。

セブン‐イレブンを築き上げた元セブン＆アイ・ホールディングスＣＥＯ、鈴木敏文《としふみ》さんは、やはり多読家で、本を読んだら大事なところにアンダーラインを引くとのこと。でも、そのアンダーラインを引く場所というのは、決まって「自分の考え方とは異なる箇所や反対の意見」なのだそうです（『朝令暮改の発想』新潮社）。

「その通りだな」と納得する部分を見出しても、じつはあまり意味がない。「同感できる」ということは、自分もその考え方に達しているわけですから、そこから得るものは少なく、それ以上の発展はあまり期待できません」ということなのです。

もちろん「勉強」とは、本を読んだり、勉強会に出ることばかりではありません。私たちが日々、経験すること自体、すべてが自分を成長させてくれる勉強です。仕事もそうだし、人に会うこともそう、遊ぶこともそう。どこだって私たちは、学ぼうとする限り、学ぶことができます。

でも、**「同じ経験を続けているだけ」では、やっぱり「さあ、どうしようか？」と新しい行動を閃く力は身につきません。**

やはり他人の考えを学ぶのと同じで、新しい経験をして、新しいことを考えたり、あるいは新しい考え方に出会って、新しい人間関係をつくるほうが、選択肢も広がるのです。

だから仕事が速い、行動力がある、すぐ実行する……という人に限って、

・あらゆるジャンルのたくさんの人を知っている
・仕事とは関係のない、たくさんの経験をしている
・いろんな分野の知識を持っている

ということがありませんか？

すると、大きなことに気づくのです。

というのも、スピード化、あるいは効率化ということで、私たちは「知識」にせよ「人間関係」にせよ「経験」にせよ、ずっと〝絞り込むこと〟ばかり考えがちです。時間を短縮するために、必要最低限のことを学び、人間関係は重要度の高いほうに集中させ、一点集中で少ない労力で成果を出そうとか……。

でも「すぐ行動する」には、一般的には非効率と呼ばれる考え方のほうが、ひょっとしたら重要であるかもしれないのです。

▼すぐやる！の習慣術

経験量を武器にする

「経験」はそのまま「データ」になる

〝深く〟考えるのでなく、〝浅く〟たくさんのことを考え、その中から「望ましいもの」をすばやく選んで動き出す。それが「うまくいくためのポイント」だと述べてきたのですが、やはり残念ながら「うまくいかないこと」は起こるのです。

行動すれば当然、失敗することもあり得ます。

失敗したら、仕方がないからやり直す。何度も何度もやり直す……これはまったく効率的ではないし、スピーディでないように見えるでしょう。

「結果」だけをとらえれば、そう見えるのです。でも、そのぶん「深く、慎重に考えて、一つのことをやってうまくいった人」と、「たくさんの失敗を積み重ねて、やっと一つのことを成し遂げた人」を比べて、いったい〝経験量〟は、どちらが大きくなっているでしょうか？　そして、現時点ではお互いに並んでいるかもしれませんが、これから「より多くの可能性」を見出していくのはどちらなのか……？

かつてエジソンが電球を発明するのに、1万回の実験で失敗したことを問われたとき、「それは失敗じゃなくて、9999回の〝うまくいかない方法〟を学習したということだ」と答えた有名なエピソードがあります。まあ9999回はいくらなんでもかもしれませんが、**経験を増やせば、それだけ私たちは〝学べる〟のです。**

加えてすぐに行動に踏み出すことで、たとえ失敗しようとも、私たちはそれだけ「経験」を増やすことができます。

- **踏み出してAがダメなら、Aで学んだことをもって、Bを試す**
- **それでBもダメだったなら、AとBで学んだことをもってCを試す**
- **CもダメだったならA～Cで学んだことをもってDを……**

何だか、だんだんと「すごいこと」ができるようになっていく気がしませんか？

「仕事で成功した人は、一直線に来たわけでなく、浮き沈みを経験し、キャリアは波形を描いている」

スタンフォード大学の医学博士、ティナ・シーリグさんの『20歳のときに知っておきたかったこと』（CCCメディアハウス）という本にある言葉です。

効率的に「経験すること」を少なくして、効率的に目標を達成した人よりも、紆余曲折《うよきょくせつ》しながら昇ってきた人のほうが、結果的には大きな成果を上げられるのです。

先に紹介した鈴木敏文さんだって、もともとは本の取次会社で新刊情報誌をつくっていた編集者です。イトーヨーカ堂に入り、セブン-イレブンを立ち上げるまでには、いくつもの失敗を経験しました。同じような人は大勢います。

かのユニクロの柳井正《やないただし》社長など、自分の成功率を「一勝九敗」だと語っているくらい。けれども失敗から多くを学んでいるから、最後は「うまくいく」わけですね。

ということは「失敗しないように」と一生懸命に考えるよりも、まず踏み出してしまって、軽く失敗するならそれで構わない。もちろん、失敗しないならそれで構わないのですが、次のスイッチ5では、そのための考え方を探ってみましょう。

●スイッチ 5

失敗しても
反省しない

いかなる体験も
未来に生かしていける

▼すぐやる！の習慣術

開き直る

せっかく書いた原稿が「つまらない」と言われたら……

もしも自分が「作家」だったら、と考えてみましょう。

それも私のような、ビジネス書の作家ではありません。誰もが読んだことのない、面白い物語を書こうとアイデアを練り続けている。けれでも、残念ながら1冊も本になったことはない……という小説家の卵さんです。

やっとのことであなたは、「これは面白いぞ！」という作品を書き上げたのです。「これは日本の文壇に、旋風《せんぷう》を巻き起こすな」とか、「ミリオンセラーになったら、印税がどれだけ入るんだろうな？」と、ほくそ笑みながら、あなたは出版社に原稿を送ります。

けれども、出版社の答えはボツ。

「面白いんですけど。いまはこういうテーマ、売れていないんですよ……」

などという答えが返ってきます。**そんなことでは挫《くじ》けません。**さらにあなたは、別の出版社に原稿を送ります。ところが今度は、もっとひどい答え。

「こんな子どもが書いたみたいな稚拙《ちせつ》な小説。本にできるわけないでしょ！」

ガックリします。それでも数社に、送ってはみた。どこでも拒否された。

さあ、次はどうするか……。

「ああ、こういう小説じゃあダメなんだな。少し書くテーマを変えたほうがいいかな」

「まずは出版社に受け入れてもらえる作品を目指そう」

普通はあれこれ言われ続けたことを考慮し、新たな一手を考えるでしょう。

けれども、そう考えなかった作家さんは、結構いるのです。

有名なのは、「ハリー・ポッター」のシリーズを書いたJ・K・ローリングさん。最終的には全世界で1億部以上を売り上げたと言われる超ベストセラーになったわけですが、その最初の作品『ハリー・ポッターと賢者の石』は、13社目にしてやっと出版が決まったとのこと。契約金は１５００ポンド（およそ27万円）という少額だったそうです。

同じような経緯の大ベストセラーは、日本にも多くあります。すると「出版社は当てにならない」なんていう結論になりそうですが、そういうことではありません。どんなに優れた編集者でも、何が売れるかというのは、正直わからない部分もあるのです。とくに小説などの判別は難しいでしょう。

結局、編集者のやることは、「出す」か「出さない」かを決めるのみ。そこにあるのは、会社の方針とか、傾向もあるでしょうが、多くは自分が「好き」と思うか、そうでないか。けれども「断る」には、「理由」をつくらなければならない。だから「この本は、これこれこういう理由でダメでした」という論理づけが行われるのです。

この論理づけが、A社でも、B社でも、C社でも……と行われると、自分が書いた本が売れない理由は「これとこれとこれと……」と、どんどん重なっていきます。つまり否定的な要因ばかりが積み重なっていく……。

これでは、J・K・ローリングさんのように、打たれ続けるのは困難になるでしょう。

結論として言えるのは、**ダメだったことを追求しても仕方がない。「今回はダメだったけど、次はわからないぞ」と開き直れる人のほうが、成功率は高くなるのです。**

▼すぐやる！の習慣術

しつこく再チャレンジする

結果を出すのは10％の「あきらめない」人

どんな仕事においても、この「ボツになっても原稿を送り続ける作家」と同じような状況は起こっています。

いちばん象徴的なのは、営業の仕事。なんでもアメリカの統計で、「販売の80パーセントは、同じ顧客への5回目以降の電話で成立している」というデータが存在しているとか。

もちろん、ほとんどのセールスパーソンは、同じ相手に4回もアポの電話をかけたりしません。実質は48パーセントの人間が、1回の電話であきらめてしまっているそうです。

4回目以降の電話をかけるのは、全体の10パーセントのみ。この10パーセントの〝めげない人たち〟が、販売全体の8割に当たる利益を出しているということなのです。

それでも日本人は、「同じ相手に、もう1回電話をかける」のは、どうも気が進まないと感じるかもしれません。最近はセキュリティから、迷惑電話への対策も進んでいます。

ならば、違う相手に電話をかけるのならば、いいのではないか？

でも、やっぱり1回、2回と断られることが続けば、「次もダメかな」と躊躇するようになっていきますよね。

かつて私は、電話セールスの達人と称する方とお話をしたことがありますが、その成功要因はいたって簡単。断られたあとの立ち直りが、自分は人一倍早いということだったのです。だから他の人が断られてクヨクヨしている間に、当人はすぐ次の電話相手に向かっているとか。

結果、**「商談数」が圧倒的に多くなりますから、成約するチャンスが人一倍できる。**逆に言うと、「断られる数」は他の誰よりも多いのです。けれどもそんな数は、問うても意味のない数値でしょう。

作家の場合だって同じなのです。私もその仕事をしていますが、「自分はいままで4つしか企画がボツになったことがない。あなたはどうですか？」なんていう議論は聞いたことがありません。たくさんの本を出している人ほど、人一倍「本にならなかったたくさんのアイデア」を持っていることが普通です。

企画メーカーとして会社で活躍する人も、あらゆるアイデアを実現させるわけではありません。何度ボツになろうとも、たくさんのアイデアを考えたり、企画書にして提出しています。

「就職活動にうまくいって、いい会社に入った」という人も、じつは〝人一倍たくさんの会社の面接を受けている〟ということは、よくあります。そして誰よりも「不採用」を繰り返していたりする。

だから「**成功した人**」というのは、「**一発でうまくいった人**」ではなく、むしろ「**あきらめずに何度も挑戦した人**」なのです。

▼すぐやる！の習慣術

傷つくことを恐れない

私たちは皆、ヘタレだと知る

「失敗は単なる傷ではない。失敗には次につながる成功の芽が潜《ひそ》んでいるものだ。したがって実行しながら考えて、修正していけばよい。危機につながるような致命的な失敗は絶対にしてはならないが、実行して失敗するのは、実行もせず、分析ばかりしてグズグズしているよりよほどよい」

こちらはユニクロ社長、柳井正さんの言葉です（『一勝九敗』新潮文庫）。

だから、**私たちは失敗を恐れずに、実行していくべきなのです。**それも何度でも。そうすれば失敗経験は生きてくる……。

でも、そう簡単に、リスクを顧《かえり》みないですぐ実行することなんて、できませんよね。

どうしてかといえば、ちゃんとこの言葉の中に答えがあります。それは「危機につながるような致命的な失敗は絶対にしてはならない」という部分。

致命的な失敗にならない保障なんて、いったいどこにあるのでしょう？

もちろん1人の失敗で会社が危機にさらされるようなことなど、めったに起こりません。柳井社長だって、ユニクロでそんな状況は考えていないはず。そんな危なげな会社だったら、世界的企業になどなれません。

そうではない。むしろ「自分自身」にとって、失敗を「危機につながるような致命的な問題」にとらえてしまう人が多いのです。だから多くの人が失敗を避けようとします。

ではその、「危機」とは何でしょうか？

会社の場合であれば「クビになるかもしれない」などというケースは、そうそう起こらないはずです。「上司に怒られる」というのも、じつは二義的な問題。本当は失敗が生むマイナスを自分が背負い、「心が傷つく」ことを本能で恐れてしまうわけです。

「ナマケモノ」「面倒くさがり」「ダマされやすい」に加え、私たちは誰でも「ヘタレ」なんですね。

「心が傷つくことを本能で恐れる心理」の土台には、心理学で言う「自尊感情」とか、「セルフ・エスティーム」と呼ばれるものがあるようです。

これは誰でも持っているもので、自尊感情を満たされている限り、私たちは**自分自身の価値を肯定したままでいる**ことができる。

逆にそれが傷つけられた場合、自分の価値を自分で認められなくなり、「オレはいらないヤツなのかも」という疑惑が起こってくるわけです。本能的に人は、それを恐れるわけですね。

たとえば最近の日本では、「高齢者に席を譲る」ということが、あまりされなくなっているらしい。「最近の若者はけしからん！！」と思われがちですが、アンケートをとれば「席を譲りたい」と考えている人の割合は、かなり高くなるそうです。

なのに実行されないのは、「譲って拒否されること」を恐れるから。最近は元気な高齢者も多くなっているから、そんなケースも増えているのでしょうが、これは譲ろうとした側からすると「自尊感情を傷つけられる行為」になってしまいます。

そんなわけで、自尊感情は非常にブレやすいのです。

これは若い人に限った話でなく、たとえばベテラン社員が若い人の意見を採用しないのだって、「いままで自分が築いてきたものの否定」につながることへの恐れがあったりします。慣れ親しんだ会社から出たくない、違う仕事に携わりたくない……そこにも「もしも自分が、いままで通りにできなかったらどうしよう」という、自尊感情を傷つけることへの恐怖が潜んでいます。

つまり失敗は、本当はそれ自体を恐れるから、行動に踏み切れなくなるのではないのです。

失敗し、評価を下げ、見下され、自分で自分に対してダメ出しをせざるを得なくなることが怖いのです。他人がどうのこうのというより、自分で自分に「劣等生」のラベルを貼りたくない。「いい子ちゃん」でいたいのですね。

▼すぐやる！の習慣術

成功の範囲を広げる

「成功するためにやる」のが、そもそも間違い

「失敗したら、自分の価値が下がる」という考えは、明らかに間違っています。それは「失敗」に対する「成功」の定義もそう。その「成功」の判断材料となる、目標や目的の置き方にも同様のことが言えると思います。

仕事において、私たちはつねに「売上をいくらにする」とか、「何人のお客さんと契約を結ぶ」とか、「企画した商品をヒットさせる」と、成否の〝成〟の部分ばかりを目標や目的として、その結果を得たときに「成功した」とみなします。

もちろん、どの会社でもそういう目標を設定するし、どこの部署やチームもそういう目標を設定しますから、これを否定しても仕方がありません。ただ、その定義に従っていたら、決めた結果が出なかったときは、すべて「失敗」になってしまうわけです。

売上目標に届かなかったら失敗だし、お客さんと商談をして成約に至らなかったら失敗、企画した商品が売れなかったら失敗……になります。だから私たちは、その都度、落ち込んでしまう。

でも、ここまで述べてきたことを考えてみてください。**失敗をすれば経験になるし、そこから学ぶことで人は成長できるのです。**とすれば、成功は◯で、失敗は×と、単純に考えるのは間違いだとわかるでしょう。

そして「×」の失敗を避けるために「ヘタレ」となり、〝失敗するかもしれない行動〟に踏み切れなくなっているとすれば、実際は成功できる機会をも失っているのです。だから「すぐやれない人」は、なおさら輪をかけて、結果から遠ざかっていきます。

たとえば、「売上目標」のようなものを考えてみてください。部署で立てた目標ノルマを、達成できなかったら失敗。だから営業部などでは、決算期などに強引にでも目標数値に売上を届かせようとします。

そして売上達成、私たちは成功した……。でも、これを繰り返している限り、「いまのやり方では、期待するだけの売上を出せない。思い切って戦略を変えよう」とか、「よりお客さんの要望に合わせた商品開発をしていこう」という話にはなりません。

果たしてこの状態が、「うまくいっている」と言えるのでしょうか?

どんな仕事をしている人にとっても、本当の意味で**「仕事をがんばる目的」**とは、決められている目標に縛られるようなものではありません。能力だったり、社会的な価値だったり、金銭収入だったり、満足感だったりと差はありますが、はるかに自分自身を高めてくれるものです。

そこで失敗経験も人を成長させるものだとすると、お客さんと成約ができなくても、企画した商品がまったく売れなくても、自分にとってはプラスになることを学んでいます。

ヒットにならなくても、その経験を生かして、次のヒットにつなげればいい。契約が結べなくても、お客さんと楽しくコミュニケーションができたなら、営業にとっては大きな勉強をしたことになっているわけです。

▼すぐやる！の習慣術

プラス評価する
「結果を出すこと」を目標にしない

かつてトップセールスマンであった方に聞いたのですが、その方がお客さんに会うときは、「売上をとること」を目標にしない。そうでなく「お客さんと楽しく話すこと」を目標にして、商談に臨《のぞ》んでいたそうです。

「成約を得ること」を目標にしてしまうと、相手がどれだけイヤな気持ちになろうが、「売ってしまえばＯＫ」ということになる。それは営業の仕事で成長していきたい自分にとって正しくない。逆に相手と非常に楽しく会話ができたならば、たとえ「今回は残念ながら、お金に余裕がないんです」ということになっても、「仕事をしていてよかった」という気持ちが持てる。「もっと今回のように、相手を喜ばせる会話をしていきたいな」と**モチベーションを高く保つことができれば、仕事にとって明らかにプラスになります。**

逆にお客さんと意気投合することはできたのに、これを「目標を達成できなかったマイナスの経験」ととらえたならば、何も得るものはなくなってしまうわけです。

本書の冒頭で紹介したイチロー選手は、空振りだとか、三振だとか、あるいは打ち取られたという結果に対して「一喜一憂はしない」と言っています。

打席に立つと、「ボールを非常にうまくとらえたんだけど、打った打球はセンターライナーだった」とか、「スウィングは完璧だったのに空振りだった」というケースはあります。逆に「調子が悪くて思い通りのプレーができなかったけど、たまたまボールがバットに当たって長打が出た」というケースもあるでしょう。

〝いい結果〟として、次の打席につながるのは、明らかに前者のような打席なのです。だからこそ「**失敗した。ダメだった」ではなく、「いいぞ、この調子だ。次はいけるぞ」と、前向きにとらえていく必要があります。**

私たちの仕事においても同じ。「失敗はあり得ること」ととらえ、「失敗しないように」行動するのでなく、「結果的に自分にプラスになるから行動する」ことが大切なのです。

▼すぐやる！の習慣術

自分の行動を否定しない

最悪の事態も肯定する

失敗をした場合、よく言われるのは「反省しろ」ということです。

失敗した経験を反省して、そこから何かを学んでいくのは、確かに大切なこと。でも、**「どうして失敗したのか？」「どうすれば、失敗しなかったのか？」「二度と失敗しないためにはどうするのか？」と追求し続けても、じつは「次の行動ができなくなるだけ」になっていたりします。**

極論を承知で言ってしまえば、失敗を「反省」で否定せず、「正しかったこと」ととらえ、すぐに再挑戦していく〝深く考えすぎない姿勢〟が必要になることもあるのです。

一つ例を示すと、〝孔子〟といえば、言うまでもなく『論語』の言葉を残した儒学の創始者であり、世界中にその教えが広まっていった大思想家です。ビジネスパーソンでその教えを学ぶ人も多いし、歴史的に見れば、誰もが大成功者の一人と考えるでしょう。

ところが個人の人生として見れば、彼は決して成功者とは言えません。

というのも、彼は当時の小国が分裂していた古代中国にあって、別に思想家や宗教家として皆の支持を集めたかったわけではないのです。あくまで政治家としてどこかの国に採用され、自分の考えを国家運営に役立てることを夢見ていました。

そんな孔子も、じつは故郷の「魯《ろ》」という国で、宰相に抜擢《ばってき》されたことがあります。

ところが彼は、ここで〝大失敗〟をしてしまう。

というのも彼の考え方は、「リーダーは民衆を、武力でなく、人徳や優しさでもって統率しなさい」という理想論でした。

しかし魯の国には3人の武将がいて、彼らはそれぞれ自分の強固な城を築き、いつでも王様の命令に背《そむ》き、民衆を圧迫できるようにもしていたわけです。日本でいえば、一人ひとりが戦国大名のようなもの。いつ裏切りや反乱が起こるかわからない戦乱の時代でしたから、これはむしろ当然のことだったでしょう。

でも、彼は自分の理念に従い、宰相として武将たちに、城を打ち壊すように命じたわけです。それでは彼らも〝いざ〟というときの後ろ盾《だて》を失いますから、できるわけがない。

頑固だった孔子は、それでも信念を曲げません。結局、「ムチャなことを言う大臣は困る」ということで、政治家をクビになってしまうわけです。

いくら人徳の大切さを説いていても、当時は隣り合った国同士で、絶えず戦争が続いていたような時代なのです。現実的に生死の危機と向き合っている国々が、理想的な道徳論のみに従えるわけがない……。

さすがに天才的な頭脳を持っていた孔子ですから、そのことはよく理解したでしょう。

では反省して、自身の論を、少し現実的にしたのか？

やりません。それでも孔子は信念を曲げず、国王が守るべき道徳的規律をより強くうったえ続けました。

で、彼が他の国に政治家として採用されたのか……といえば、じつはまったく〝されなかった〟のです。当時採用されたのは、もっと現実的な法律論であったり、戦略論をもって国を強くする方法でした。

よって孔子というのは、生涯、採用されることのなかった政治論や組織論を唱《とな》え続けた人……ということになるのですが、それでも彼はまったくブレなかったから、中国が統一されて平和な時代になったあとで、その論が重く用いられるようになったわけです。

反省し、現状に合わせて考え方を変えていたら、彼はほとんど歴史的には知られない、小さな国の一政治家として終わっていたかもしれませんね。

失敗は確かにイヤだ。でも何かに挑戦する以上、それは必ず起こる。

でも、何かに挑戦して成長を続けたいなら、「失敗の可能性がある選択肢」を選ばざるを得ないのです。**そこで迷う必要はないし、失敗したからといって自己否定していても仕方ありません。**

あくまで行動を決める要素は「自分が望むものは何か」ということで、「うまくいくか、いかないか」ではない。失敗を「してはいけないこと」と考えてはいけないのです。

▼すぐやる！の習慣術

ただ続ける

どうすれば「あきらめない」でいられるか？

「失敗しないことより、成功するまであきらめないことが重要」

これは本田宗一郎さんの言葉です。

本田さんは言うまでもなく、日本を代表する歴史的な経営者。その成功要因として、彼は閃きに優れたことでも、経営能力があったことでもなく、「何度失敗しても、そのたびごとに立ち上がったこと」だと認識していました。

彼は実際、会社を倒産させたこともあれば、技術を学ぶために学校へ再入学したこともあります。それでも絶対に「思ったことをやり遂げる」という行動を続けたからこそ、世界的な企業をつくりあげることができたわけです。

すでに世界的なブランドとして確立されている、サントリーの「ザ・プレミアム・モルツ」というビールがあります。

ベルギーで選ばれるモンドセレクションのビール部門でも「最高金賞」をとり、いまやすっかりお馴染《なじ》みの銘柄となっている商品ですが、もともとサントリーでビールといったら、何度新しい商品をつくっても市場で認められない分野でした。いつもアサヒやキリン、サッポロの後塵《こうじん》を拝していたわけです。

しかしサントリーは、1929年という古い時代から、ビールの開発を続けてきたと言います。こちらは5年で撤退になりますが、1963年に再挑戦を開始。それから21世紀までずっとサントリーは、売れなくても、新しいビールの開発を続けてきました。

この会社の創業者、鳥居信治郎さんは「やってみなはれ!」という言葉で有名ですが、まさにその精神。ときには1円の利益も出ていない事業に、10億円かかる設備投資をすることもあったそうです。

どうして開発者が挑戦を続けたかといえば、「やりたかったから」でしかありません。

選択肢が「やめる」か「続ける」か、だとして、「やめる」を選んだ先に、自分がやりた

いことを実現している未来はありません。

結局、やりたいのだったら、「続ける」を選ぶしかない。ひょっとしたら、次も失敗するかもしれない。それでも、やりたいのだったら、続ける。「これで最後だ」なんて考えずに、何とか〝続け〟続けることを意識する。

そう考えれば、「迷う」なんていうことには、最初から意味がないのです。

日本人は「背水《はいすい》の陣」とか「決死の覚悟」という言葉を好みますが、あくまでこれらは戦争で、追いつめられたときの最終的な手段としてとられた方法。ふだんから「負けたら終わり」のように考えている限り、私たちはいつまでも闘えません。

失敗しても私たちは、自分たちの信念に基づいて行動を続けなければならない。それがブレないということですが、じつは他に選択肢なんてないのです。

けれども、じゃあ果たして失敗して、それで大丈夫なのか？

サントリーのビールへの挑戦は、確かに根気が生み出した大成功例です。

しかしその背景には、この会社がウイスキーであったり、お茶やコーヒーなどで成果を出し続けてきた余裕もあります。私たちはつねに、そんな余裕のある恵まれた状況にあるわけではありません。

けれども、大丈夫です。

先ほど「選択肢が『やめる』か『続ける』か」という話をしましたが、本当のところ、**選択肢はその二つだけではありません。**

じつは「ちょっと中断する」とか、「ゆるく続ける」とか、「方法を変えて、やりやすい形にする」など、選びやすい選択肢を私たちはつくり出すことができるのです。

●スイッチ 6

思考の枠を外す

自由な発想を
楽しんでみよう

▼すぐやる！の習慣術

二者択一を怪しむ

「生か？　死か？」なんて考えない

究極の選択、というものを考えてみましょう。

あなたは独裁者が支配する完全な統制下の国家で、日々、命じられた労働に明け暮れる毎日だったとします。もちろん、やりたい仕事をすることなど、望むべくもありません。

けれどもあなたは、たまたま禁じられていたインターネットにアクセスして知ったのです。国境を越えた向こうの国では、人々が自由に仕事を選んでいる。何も強制されることなんてありません。

おまけに大統領は「私たちの国は世界で最強だ」と言っているけど、国際社会ではのけものにされ、このままでは立ち行かなくなるのは必至。

そこで、あなたは「自由な国に生き、自分で選択できる自由な生き方をしたい！」と思うようになります。

けれども自国から脱出するのは、容易ではありません。国境は軍が絶えず監視しており、逃げる者は「裏切り」とみなされて、即座に銃殺されます。何人もの人間が脱出を試みて、いまだ成功していないとか。

さあ、それでもあなたは、脱出を試みるのか？

自由を求めての、満足できる死ならよしとするか？　それとも死よりは服従を選ぶのか？

じつは、生を選ぶか、死を選ぶか、究極の選択……なんて考えなくてもいいのです。

いや、もちろん勇気をもって逃亡をはかるなら、それはそれで格好いい。止めるつもりなどありません。

でも、「このままでは国が立ち行かなくなる」ことは想像できるのです。だとしたら、「待ってみる」ことだって一つの選択肢になります。

その上でインターネットが使えるのならば、積極的に自由な国の誰かにコンタクトをとるのもいいし、情報を知らせるような努力もできるかもしれません。

つまり、**選択肢が「つねに究極の二者択一」なんていう状況は存在しないのです。**その中間で選べる手段はいくらでもあるし、そこに目がいけば「深く考えずに選べる行動」はいくらでもあります。

実際に『ディファイアンス』という映画の題材になった、現在のベラルーシという国に住んでいたユダヤ人たちのエピソードがあります。

第二次世界大戦中、ナチスがこの地を占領したことにより、彼らユダヤ人には迫害を受ける可能性が出てきた。大国ドイツと命をかけて戦うか？　それとも黙って従うのか？

彼らが選んだのは、そのどちらでもありません。1000人という集団で広大な森林地域に逃げ込み、ドイツ軍の状況を探りながら、転々と逃げ続ける生活を開始したわけです。

これはこれで大変な道であり、歴史上の評価もさまざまですが、いずれにしろトゥヴィア・ビエルスキというリーダーが集団を統率《とうそつ》し、生き延びることに成功しました。映画ではダニエル・クレイグさんが、その役を演じています。

▼すぐやる！の習慣術

他の選択肢にも気づく

辞めるべきか？　残るべきか？

「物事は必ずしもイエスかノーではない」という話は、前の章でも述べました。そんなふうに「二者択一」で考えず、「選びやすい選択肢をつくり出して実行する」ということは、案外と仕事のできる人がやっていることです。

たとえば私の知人のケースです。いままで小さな会社の一部署を任され、自由気ままに仕事をしていました。ところが社長は息子に地位を譲って引退。その息子社長が、新しい事業に乗り出し、それがことごとく失敗。経費を無駄遣いするし、どこかから知人をつれてきて重役に据え、前からの社員たちは冷遇しと、大変なことになってしまったのです。活躍していた社員たちは、どんどん他所の会社に出て行ってしまいました。

このままじゃ、この会社も先が危ない。自分も早く出て行くべきだろうか？

でも、自分はもう年齢も50に近くなっている。転職するとしても、いい条件など望めないかもしれない。だとしたら、この社長についていくしか仕方ないのだろうか？

彼が選んだのは、どちらでもなかったのです。まずは現在の会社で自分の仕事を続け、新社長が手を出した事業にも関わり、いくつかは処分し、いくつかは再建させる。そうしてある程度の利益を出しながら人脈をつくり、2年後くらいには実績をもって他社にヘッドハンティングされました。ちなみに元の会社は、後に売却されることになっています。

この男性のように、端から見れば中途半端に見えるような態度をとりながら、最後にはいちばんいい結果を手にしている人は多いものです。

私が最初に入った出版社の同僚も、本当は音楽関係の非常に狭き門の業界を希望していたため、何年もの間ずっと〝会社業務〟と〝転職活動〟を同時進行させていました。差し当たって「収入源はある」ものですから余裕をもって転身のための勉強を続け、何度も不採用になりながら、最後には希望していた会社に転職しています。

「辞めるか・残るか」と考えれば、「大きなリスクをとるか・断念するか」という究極の選択になる。でも発想を換えれば、**「大きなリスクをとらずに、自分が希望する目標に近づく**

方法」は、いくらでも見つかるのです。

私自身、会社を辞めて独立したときは、「よく、そんな大胆なことができたね」と、周囲の人から言われました。けれども自分としては、大きなリスクをとったつもりなど、まったくありません。

というのも、原稿を書く仕事や企画をつくる仕事は、出版社に勤めていたころから、サイドビジネスで始めていたことです。やがて会社での給料分くらいを他の仕事で稼げるようにもなり、帰宅後や週末だけでその利益を出せるのならば、専念してしまえばもっと……ということになりますよね。

あとは安定性ですが、当時勤めていた会社は、私にとって一生いたいと思うくらい魅力的なものではありませんでした。ならば独立しないほうが、合理的でない気さえします。

これも「辞める・辞めない」でなく、「辞めないで別の仕事をする」という中間的な選択を選んだ結果。それによって、いざというときに「すぐやる」ことができました。究極の選択で考えると、逆に決断がなかなかできなくなるわけです。

▼すぐやる！の習慣術

決めないことも選択肢

一流の経営者の「決断しない」決断

ジャック・ウェルチといえば、元GEのカリスマ的な経営者です。印象としては、大胆な決断をスピーディに次々と実行していく印象があるでしょう。

けれども、そのウェルチが15年という長い歳月をかけて、決断したことがあります。何かといえば「後継者選び」でした。

15年といえば、ほとんど彼がCEOになってすぐ、ということ。具体的には1981年に就任して、85年には人事部門にチームをつくり、後継者の選出基準や、それに相応しい教育制度を整えるように指示を出しています。

GEは基本的に、社内からの生え抜きをトップに据える会社。ウェルチもそうしてCEOに選ばれました。同じように彼は社内から何人もの候補者を選び、15年の間にふるい分けをします。その一方で**原則にとらわれず、**他の会社に有力な人間がいれば、候補者リストに入れることもしました。

最終的に後継者候補は、ボブ・ナーデリ、ジム・マクナリー、ジェフ・イメルトの3人に絞られます。

それでもウェルチはまだ、誰にするかを決めない。それぞれを会社の重要な部門のリーダーに据え、どのような手腕を発揮するか注意深く見ていたのです。ウェルチ自身はあまり口を出さないようにしましたが、人事のチームは彼らの業務内容を細かく分析しました。

そして最終的に、ウェルチは2017年までCEOを務めたイメルトを後継者にすることに決める。そのあとの人事はスピーディで、確執を避けるために、残りの2人は会社を去ってもらいます。2人ともその後、別の会社の社長に就任しました。

ウェルチ自身も市場動向から少々の延長はしたものの、時が来たら自分が決めた人物にすべてを任せ、20年勤めた会社からキレイに立ち去ります。結果、空前の大不況となっても、GEはイメルトの手で成長を続けたのです。

この長い決断の経緯を見て、ウェルチが「判断を先延ばしにした」と感じる人はいないでしょう。そうでなく、彼はつねに「後継者を誰にするか」という問題に対し、「まだ決めない」という決断を、その都度、実行し続けたのです。

だいたい、普通ならば「自分が辞めることになった→次は誰がいいんだ→う〜ん」と、迷ってしまうのが普通でしょう。で、見つからずに他社から人材を引っ張ってきて、その人が大失敗して……などという例は多々あります。

経営者がカリスマ的であるほど、その経営者が去ったとき、会社は弱体化するのです。それがわかっているからウェルチは、**「まだ決めなくても大丈夫」**という判断ができる〝就任5年目〟という早い時期から問題に取り組んでいます。

「Aにするか？　Bにするか？」でなく、**「どっちもアリだから、判断保留」**の選択肢を長く残しておくことで、〝強引にリスクをとって踏み切る〟という選択を避ける。それが最終的には、理想的な経営者への引き継ぎにつながったのでしょう。

▼すぐやる！の習慣術

比較しない
「どっちがいいか？」の問題にしない

スイッチ4で私は、「深く考える人に限って、広く考えることをしていない」という話をしました。この〝広い〟も、見方を変えれば、無限の領域をもって広がってきます。

たとえばジャック・ウェルチのように、自分が会社の経営者だったとします。自分の周りにいる人間を部下とすれば、「A君は大きなことを言うばかりで、何も実行しない」「Bさんは真面目だけど、長期的に考えないし、経験も少ない」「C君は、頭がいいけれど、無責任なところがある」。任せるとしたら誰がいいんだろうなあ……なんて考えてしまうかもしれません。

でもそれは「現在の選択肢」だけで考えるからで、

「A君が大きな仕事を任されたらどうなるだろう？」

「Bさんが経験を積んで磨かれたらどうなるだろう?」

「C君が管理職になって人を任されたらどうなるだろう?」

……と、時間軸をずらせば、さまざまな可能性が出てきます。

さらに空間軸をずらせば、

「あまり話したことはないけど、Dさんはふだんの仕事ぶりを見ると、リーダーに相応しいんじゃないか」

とか、

「Eさんはアルバイトだけど、あのコミュニケーション力は将来、すごくなるな」

……とか。

「それじゃあ選択肢がやたら増えるばかりで、決断に踏み切れなくなるだけではないか」と思います。でも**そう考えてしまうのは、いつも自分の決断を「この選択肢の中からどれが一番か」と、比較上の優位、あるいは最後は消去法で決めるようにとらえていることに理由があるのです。**

ウェルチの話を思い出してください。最初に彼は、わざわざプロジェクトチームまでつくって「求めるべき後継者はどんな人間か」と、細かな選出基準を策定しています。

つまり、選択は「A、B、Cのうちの誰か？」ではなく、「求めるべき人間はいるか？」なのです。「いない」となれば「少し待とう」になるだけ。該当しなかった人間は、「適性外」ではなく、「いまは相応しくない」というだけです。

このように**「自分の求めるべきもの」がハッキリしさえいれば、柔軟な発想で、行動の幅を広げることはできるのです。**〝求めるべきところに近いところ〟を強引に探そうとするから、おかしくなってしまうのだと思います。

この柔軟さは、さまざまな仕事における選択で問われます。

たとえば外務省で異例の出世を成し遂げたあと、現在は独立して起業家として活躍している方のケースです。彼は周囲からもかなり問題視されている、非常に厳しい上司のもとに配属されました。

たびたび意見も衝突《しょうとつ》するし、これでは自分の思うように仕事ができない。「あんまり大変だったら言ってくれ、オレのほうから異動をかけ合ってあげるから」と先輩からも提案をされます。

「その言葉に乗るか？」

「それとも上司に反発しながら、自分なりの結果を出していくか？」

けれども、彼はどちらも選ばず、「あえて上司の片腕となり、手柄をとらせてあげる」という道を選んだのです。

まるで織田信長に仕えた秀吉のようなものですが、結果的には「彼なら難しい海外の交渉もできそうだな」と、外交官に抜擢されてしまいました。

「ここで評価されるには、そうするのがいちばんだ」という判断だったのですね。

▼すぐやる！の習慣術

可能性を広げる

私たちは短絡的な思考に陥りやすい

ジェームズ・キャメロン監督の『アバター』といえば、多くの方がご覧になったことのある映画だと思います。ストーリーもさることながら、３Ｄの映像で再現された美しい地球外の惑星の自然や、惑星の住民たちに感動した方も多かったでしょう。

そのキャメロン監督といえば、有名なのは90年代の大ヒット作。アカデミー賞も授賞した『タイタニック』です。でも、彼はその『タイタニック』を撮影する前から、『アバター』のもとになる異星人たちを題材にした映画の構想を思いついていたとのこと。

でも、作品をつくらなかったのですね。

どうしてかといえば、「いまの技術では、望むものができない」と判断したから。

彼はアイデアを封印し、『タイタニック』の制作を始めます。けれども構想はあきらめず、自分で映画技術の会社までつくり、「作品が構想通りにできる時期」を待ちました。それが自身のつくった興行記録を塗り替える、大ヒットにつながったわけです。

こんなふうに**「時期を待つ」とか、「徐々に近づいていく」とか、「先にリスクを減らす」というのも、現在の段階ですぐに決断できる重要な判断です。**その判断が、やがては大きな結果につながることもあります。

にもかかわらず、私たちは「いまの選択肢」の中から、強引に答えを選ぼうとして悩み続け、結果失敗してしまう。ようは「短絡的」であり、「辛抱《しんぼう》が足りない」のですね。

心理学的には「時間割引率」という用語がありますが、ようするにこれは「将来のメリット」より「目先の利益」のほうが、どうしても魅力的に見えてしまう現象。

「ダイエットしなきゃ」と思うのに、ついつい甘いものを食べてしまう。あるいは「禁煙しなきゃ」と思うのに、ついつい一服してしまう。これらは「目先の欲求」が、どうしても「未来に願うこと」に勝ってしまうから、なかなかストップができないわけです。

けれども「目先の要求」のほうが「未来に願うこと」と合致すれば、私たちの行動は、自然と〝すぐ〟にうながされます。

たとえばダイエットなら、誰かに「太ったね」なんて言われると、「今日の夜は食事を制限しよう」なんて、すぐ行動を起こしたりする。検査で「肺に影がありますよ」などと言われれば、その日に即行で電子タバコを購入したり、禁煙外来に予約を入れたりするわけです。

心理学者、ダニエル・ギルバートの『幸せはいつもちょっと先にある』（早川書房）という本によると、そもそも私たちの脳は、未来を推測するのが非常に苦手。必ず「現在」を基準にして、「未来のこと」を割り出してしまうようです。

「われわれはひねりを加えた現在を未来像として想像しがちで、想像上の明日は、わずかにひねった今日にどうしても似てしまう。今この瞬間の現実味はあまりに強烈でハッキリしているため、『想像』をしっかり勢力圏内において、そこから逃げ出すことを決して許さない」

ようするに私たちが想像できる「未来」は、結局のところ「現在」に手を加えただけのものに過ぎないわけですね。

ということは、「現在」についてより幅広い選択肢を見ている人ほど、より未来の可能性を多く見出せることになります。

「目先」だけを見れば、それこそ選択肢は限られてしまうように見える。**世の中の常識や自分の思い込みにとらわれず、視点をずらしていくことで、私たちはもっと自由に未来のことを考えられるのです。**

そうすれば、いますぐできる簡単な動き方は見えてくるでしょう。

これができないのは、私たちが〝いまのあせる感情〟にとらわれているからに他なりません。

そのために大切なのは「短絡的で辛抱の足りない自分」を認め、もっと「余裕」や「ゆとり」を持つことではないでしょうか。

よく諺《ことわざ》に言う「急がば回れ」。そのほうがよっぽど理に適った正しい行動を、私たちは〝即座に〟実行できるようになるはずです。

これも「すぐやる！」方法の一つなのです。

▼すぐやる！の習慣術

引いて見る

「急がばまわれ」の思考法

私がお世話になっている方に、話し方研修のスペシャリストとして知られる櫻井弘先生がいます。

その櫻井先生によると、そもそも会話が下手な人というのは、多くが「余裕」や「ゆとり」がない人なのだそうです。たとえば話をする前に、30秒でも「間」をとるようにしてみれば、それだけで会話は一段と上手になるとのこと。

問題は、どうしてそんな余裕がなくなるかです。

たとえば、なぜ人と会話をするんだ、と考えてみてください。会話というのは、決して「情報を伝えること」が目的ではありません。相手との関係を深めたり、相手に気に入ってもらうことが目的です。

相手に気に入ってもらえるのは、楽しく会話ができたときです。相手にとってみれば、一方的に話を聞かされるのでなく、自分の言いたいことが言えないと楽しくはありません。

「相手に言いたいことを言ってもらう」のは、それほど難しいことではないのです。

たとえば私とあなたが、名刺交換をしたとしましょう。その肩書きには、たとえば「できる人研究家」とか「古典ナビゲーター」といった、謎めいたものが含まれています。

当然、ここは突っ込んでもらいたいわけです。

「これって、どんな活動をしているのですか?」

すると私は、これまでの活動とか、出版してきた本のことを、得意満面で話せますね。

でも、話したくて話したくて仕方ないのに、相手は名刺を見たあと、まったくスルーしてしまう……。

やはり、ちょっとガッカリしてしまうのはわかるでしょう。

こうした「突っ込んでほしい箇所」のサインは、いろんな方の名刺に刷り込まれているわけです。会社でつくった名刺にだって、売り出し中の事業や商品だったり、「創業◯◯

年」という文句だったりと、やはり表示されていることがあります。

しかし「会話が苦手」とか「人とのコミュニケーションが下手」という人に限って、出された名刺には見向きもせず、「いったい何を話せば、この人は喜ぶのだろう」と手探りの会話を始めてしまいます。つまり、最初からズレてしまっているわけですね。

これもやはり、「目先の利益」に飛びついてしまう心理を反映しています。

そうですよね。「会話をして相手を喜ばせたい」よりも、「自分が話したい」「その話で相手に好かれたい」「結果、自分のトクにつなげたい」が勝っているから、相手からのサインに目がいかないわけです。

よって「話さなきゃ」という欲求ばかりが、空《から》まわりしてしまいます。

よく言われるように、**会話には「ひと言も話さないで聞き役にまわったほうが、相手から好かれる」といった側面もあるわけです。** それで「話さなかった人」が、現実には「あの人と話すと面白い」と言われ、他の人をどんどん紹介されたり、お客さんや仕事をゲットしたりもしています。

一方で自分のことばかり一生懸命に話そうとばかりする人は、目の前しか見ていないから本質を見失っているわけです。

「目の前のことだけに縛られずに、もっと遠くにあるものを見る」のに、深くいろんなことを考える必要などありません。ただ相手の背景や、ちょっと先にある未来のことを想像するだけでいいのです。

よく「ミクロな視点」と「マクロな視点」と言われますが、これはそのマクロなほうのこと。鳥が上から世界を俯瞰《ふかん》するように、自分を含めた世界を全体的にとらえておくだけです。

▼すぐやる！の習慣術

本心に従う
「ちょっと先」に気づければ、行動が変わる

運転免許を持っている方ならご存じの通り、「信号のない横断歩道」で歩行者が待っていたら、交通規則では車が一時停止して歩行者を渡らせる決まりになっています。

仮に横断中の歩行者を撥《は》ねたりしたら、運転手の一方的な過失となり、おそらく一生をかけて償《つぐな》うような大きな罪を背負うことになります。事故にならなくても、お巡《まわ》りさんが見ていれば、罰則の対象になることもあるでしょう。

ところが私の家の近くにある、信号のない横断歩道。まあ、どこでもそうなのでしょうが、たいていは歩行者を無視して、車が猛然と駆け抜けていくわけです。幸い事故を見たことはありませんが、自転車で渡る子どもの前で急ブレーキをかける車や、反対車線を使って歩行者をよけるトラックも何度か見たことがあります。

仮に事故になったら、明らかに運転手の100パーセント過失。もう運転することなど、できなくなるかもしれない。あるいは事故にならなくても、たとえば運送会社のトラックなどで、「危ない」と感じた歩行者が本社に通報したりすれば、運転手は職を失う可能性だってあり得るわけです。実際、社用車には電話番号も書いてあるし、通報することだって気軽になっている現在なのです。

これだけ「人生をかけるリスク」を背負った、横断歩道突破……。でも、得られる利益はといえば、せいぜいブレーキ1回分の燃費くらいでしょうか。次の交差点で引っかかったり、前の車に追いついて減速したりで、時間的にはほとんど変わりません。実際には〝速度を落とさず、ダーッと駆け抜ける〟ことの、ちょっとした満足感くらいでしょう。

果たしてその満足感に、人生をかける価値があるでしょうか?

ありませんよね。多くの人が横断歩道の歩行者を無視するのは、その自覚がないからでしょう。

「いつもそれで許されている」「みんなやっていることじゃない」ということで、〝ダーッ〟の喜びが優先されるわけです。

でも、〝みんな〟のうちの何人かは、ニュース等を見ればわかるように、ほぼ毎日に近いくらいに事故を起こし、リスク通りの状況になっているわけです。

結局は〝意識の差〟なのです。どれだけ日ごろから「目先」にとらわれず、未来を幅広く想像し、全体を見るようにしているかで、瞬時の行動は決まってきます。

そして「英断」と呼ばれるような瞬時の判断は、**たいてい〝いつもの習慣的な思考〟から、他にない選択肢を迷わずに選んだだけなのです。**当人にとっては「考えるまでもなかった」ということです。

たとえばジョンソン・エンド・ジョンソンという、米国の〝老舗〟とも言える製薬会社があります。製品として有名なのは「バンドエイド」でしょうが、もともとロバート・W・ジョンソンという人物が、医学に貢献することを理想としてつくった会社。だから利益よりも「痛みと病気を軽くする」といった理念を掲《かか》げています。

そういう会社ですから、1982年に「タイレノール」という頭痛薬に毒物が混入される事件が起こったとき、すぐに米国全土の商品を回収しました。費用は1億ドルと言われますが、社員を総動員して「起こり得る可能性のある危険」を回避したわけです。このエピソードは、有名な『ビジョナリー・カンパニー』(ジェームズ・C・コリンズ著、日経BP社)で紹介されていますが、米国のマスコミにも英断と称賛されました。

同じような事件は他でも後に起こっていますが、たいてい「問題があった州だけで回収」などの手を打ったわけです。その結果、ジョンソン・エンド・ジョンソンがいまだ優秀企業として利益を上げているのに対し、他は不況下に苦しむ結果になっています。

ちなみに日本では「まるか食品」の「ペヤングソースやきそば」が、2014年に虫の混入事件を受けて、2週間もしないうちに「全商品の回収および販売休止」という思い切った選択をしました。

同社はその後、10億円と5か月をかけて全工場の生産工程を改良し、パッケージも改善させて商品を再出荷します。その真摯な取り組みが逆にブランドの信頼を高めることになり、結果、以前の2倍から3倍という売上を達成することになったのです。

▼すぐやる！の習慣術

迷わない
自分の選択は正しいと信じる

有名なソニーの2代目社長、盛田昭夫《もりたあきお》さんの話です。

彼は創業者、伊深大《いぶかまさる》さんの下で働くようになってから、「ソニーという会社を、世界中の誰もが知っている会社にしたい」という夢を共有します。けれども最初は、まったくの町工場に過ぎなかった会社です。そんな時代に、やっと開発したトランジスタラジオを、「大量に買ってもいい」という顧客が現われたのです。米国企業でした。

そこで盛田さんは、米国に飛ぶ。けれども商談に臨み、彼はこの話を〝迷うことなく〟即決で断ったのです。理由は「ソニーではなく、自分の会社の商標で売ってくれ」という依頼だったから。いくら大量に売れたとしても、「よその会社の下請け」になってしまったら、**理想とする目標**からは離れてしまいます。

「50年前のあなたの会社のブランドは、ちょうど現在のわが社のように、世間には知られていなかったでしょう。私は今、わが社の新製品とともに、50年後への第一歩を踏み出そうとしているのです。50年後にはきっと現在のあなたの会社に負けないくらい、わが社を有名にしてご覧に入れます」

これが交渉決裂の文句だったそうです（『MADE IN JAPAN』朝日文庫）。

ジョンソン・エンド・ジョンソン、まるか食品、ソニー……。いずれも大胆な決断に見えて、そうではないのです。自分の向かっているところがハッキリしていれば、迷うことなく頭に浮かぶ〝唯一の行動〟です。

選べる行動にはAもあればBもあるし、その中間にあるたくさんの〝やりやすい行動〟もあれば、〝待つ〟という選択肢もある。でも、いずれも考えて決めるような面倒くさいものではない。「それしかない」と必然に決まる道なのです。

残っているのは、その選択を〝正しい〟と信じて実行していけるか。疑うことなく実行することができれば、それはまさしく「すぐやる！」ということになります。

●スイッチ 7

自分を信じる

失敗しても
終わりにはならない

▼すぐやる！の習慣術

自分の背中を押す

「さあ、行動しよう」と思っていたはずなのに

述べてきた「すぐやる！」のノウハウも、いよいよ最後になりました。そこで七つ目のスイッチの冒頭では、あなた自身の問題について考えてみましょう。

仮にあなたに、ずっと考えてはきたけど、なかなか行動に移せなかった問題があったとします。転職を決めるといった問題でもいいし、上司にひと言もの申すでもいい。何らかの仕事の悪習をやめるのでもいいし、日記をつけるのでも、ＳＮＳの発信を始めるのでもいいでしょう。

あなたは悩んでいたそれらの問題に、一つの解決策を見出したのです。本書を読んだあと、「よしやるぞ！」と、すぐ行動に踏み切れるでしょうか？

踏み切れますよね……？

本当に……？

すでに述べてきたように、**行動して間違っていれば、いくらでも修正できるし、失敗したらやり直すだけです。**それに自分が置かれた状況が見えていれば、「失敗したら終わり」なんていう行動を私たちは選ばないものです。

だとしたら、あとは実行するだけ。そうなるはずでしょう。

スイッチ4では「ダマされやすい」という人間の欠点を述べましたが、見方を変えれば「ノリやすい」のです。もう「できる」と確信した時点で、あなたは早く実行したくて仕方がなくなっている。いまなら何でもできるのです。

さあ、あとは実行の機会が訪れるだけ……。

ならば次の日、会社に出勤した。あるいは自由になる時間ができた。

思っていたことが実行できるかどうか？

いや待てよ。もう少し待ってみよう……なんて思うのではありませんか？

仮に1日だけ、待ってみましょう。すると2日目はどうなるか。1週間が経《た》つ、1か月が経つ、時間が経つにつれ、あなたは自分の決断を「本当に正しいのかな？」と思うようになります。そしてまた同じ「考えても答えの出ない状態」に戻る……。

私たちはたいてい「優柔不断」なのです。

でも、そもそもがおかしいのです。だってそうでしょう？

述べたように、行動する前に結果はわからない。つねに結果を調整しながら、自分が望む行動に近づけるのがとれる手段だとすれば、迷う理由などありません。

なのに決断が揺らぎ、**優柔不断になってしまうのは、私たちがどうしても自分自身を信じられないからなのです。**

つまり、「すぐやる！」の最後に必要なのは、「自分を信じる力」ということになります。

▼すぐやる！の習慣術

自分を疑う必要はない
あなたの直観は概《おおむ》ね正しい

企画会議などで、よくある話です。

A案とB案が、比較の対象になっている。Aは思い切った斬新な提案で、Bは無難な案。あなたはAの提案者だったとしましょう。

「もう思い切って新しいことをやったほうがいいんだ」「君の案、面白いじゃないか。そういうのが欲しかったんだよ」「いままでやらなかったよね。意表をついて、ウケるんじゃない？」

そんなふうに、誰もがあなたの新しい思いつきに賛同しています。

で、A案に満場一致で決まりそうなとき、ベテランで経験も豊富、非常にやり手の先輩が、ふと言うのです。

「ちょっと待てよ。皆が賛成というのは、なんかよくない傾向だ。本当にいいのかどうか、もっとちゃんと考えてみようよ」

あれっ？　空気がガラリと変わる。別なところからも意見が出ます。

「そうですね。ちょっと斬新《ざんしん》すぎるかもしれない。もう少しやり方を抑《おさ》えたほうがいいかもしれませんね」

「Bもいい案なんですよね。ただAが真新しいから、地味に見えてしまうけど」

「Aにはリスクもありますからね。まあ最初はBでやってもいいかもなあ」

そうして、結局、B案に決まった。

でも提案者であるあなたは、納得しませんよね。

最初はみんな「A案すごい！」という感じだったのに、なぜ？　話し合った結果だけど、本当にB案でよかったんだろうか、という思いが残るはずです。

これは、その通りなんです。

最初の段階で、人は概ね正しい選択をしているのかもしれない。「パッと見、A案がいい」というのは、それが疑いもなく〝いい〟からで、全員の思いにも一致しているのではないか？

ところが権威者の意見が出たことで、思考にバイアスがかかってしまった。「これこれこういう理由でB案なんだろう」と、いつのまにか誘導されてしまっただけなのではないか？

実際、多くの人が「これかな」と最初に出す答えは、「案外と的《まと》を射ているものだ」という説があります。つまり、**「最初の直観は、つねに正しい答えを提示している」**ということ。

神秘的な話ではなく、社会心理学的な理論です。

その理論はかなり古くから説かれていて、『「みんなの意見」は案外正しい』（ジェームズ・スロウィッキー著、角川書店）という本では、1958年にイェール大学で行われた実験が紹介されています。

この実験は被験者になった学生に、場所も、時間も、相手の顔も知らせず、ただニューヨークのどこかで人と待ち合わせをするというものです。そんなムチャな……という話ですが、ほとんどの学生は12時にニューヨークの有名な場所に出かけ、相手と出会うことができたとか。

つまり時間や場所がわからなくても、直観で閃いた場所に行けば、知らない同士でも会えるということ。「何時にここだな」と皆が最初に考えることは、それだけ大勢の人が共通しているというわけです。

そんな一致が起こるのは、私たちが経験的に同じようなことを学んでいるからでしょう。過去に私たちは、さまざまな人と待ち合わせをしてきた。それに「待ち合わせ場所」ということで、だいたいのイメージも持っている。すると初対面の相手であれば、「ここが適当だな」という推測はできます。たとえば渋谷のハチ公前とか、そういう感覚ですね。

それから時間については、ランチに合わせて12時とか。日本ならそれを過ぎた13時かもしれませんが、「よく待ち合わせた時間」も、大勢の間で一致する部分が出てくるわけです。

こんな経験が概ね多くの人と一致するから、「直観」は正しくなる。

そうすると**「直観」というのは、私たちの脳にあるデータが示す、「いちばん妥当性のある解答」**とも言えるわけです。

▼すぐやる！の習慣術

脳の処理能力を信じる

人間の能力も捨てたものじゃない

脳の研究者として有名な、薬学博士・池谷裕二さんによると、直観というのは、脳の「基底核」という部分から生まれているそうです（『単純な脳、複雑な「私」』講談社）。つまり、「直観なんて存在するのか？」とか、「当てになるのか？」なんていう話ではなく、科学的にはすでに、脳のどこでつくられるのかもわかっているわけですね。

この「基底核」は、「やる気」や「モチベーション」に関与している部位のようですが、そのほかに無意識下の情報収集にも役立っているそうです。その最たる例が、「サブリミナル効果」として知られているもの。

たとえば映画のワンシーンに、0.05秒くらいの瞬間映像で、コーラの栓が抜けてシュワッと中身が爽快《そうかい》に飛び出す映像を、いくらか細切れにはさんでおく。あまりに瞬間的なものですから、私たちはまったくそれを意識できません。

しかし、映画を見終わったあとで、何だか無性にコーラが飲みたくなっている……。

まあ、その効果については疑われてもいるのですが、いずれしろ意識が反応しなくても、「情報」として「基底核」は、ちゃんと収集しているのです。「やる気」にも関与するわけですから、コーラの映像がそこにストックされると、「飲みたいな」という意識にもつながるのかもしれません。


ようするに脳は、自分が意識している、意識していないにかかわらず、目に映るもの、耳にすること、経験したことなど、さまざまな情報を集めていて、私たちが何らかの対処すべき**問題にぶつかったとき、「基底核」を通して「これが妥当じゃないか」という示唆を与える……**。

そこまで言えるかは議論の余地があるものの、その機能は存在しているし、これが「直観」と言われるものではないかと考えられるわけです。そして実際の情報と照らし合わせているのですから、「概ね正しい」というのも納得できます。

すると「直観」に関連してよく言われる、「虫の知らせ」というものも、ある程度の科学的な説明がつくでしょう。

たとえば家に帰る途中、「今日はこの道はイヤだな」と妙な胸騒ぎがして、避けて帰ったとする。そして夜のニュースを見たら、その道路で大きな事故が起こっていた……。

これは別に「予知能力」ということでなく、前にその道を通ったとき、「工事現場に出入りしている大型車両が危ないな」とか、「高速へのアクセス道になった影響で、交通量が増えているな」とか、「新しいビルで見通しが悪くなったんだな」などという情報を、無意識のうちに「基底核」が拾っているわけです。

それが「危険だよ」という「直観」につながる……。

事故は「たまたま」だとしても、その危険性は、当人が無意識で察知していたわけです。

▼すぐやる！の習慣術

人生経験に頼る

「心の声」に耳を傾ける

脳のメカニズムから言えるのは、「人の人生が直観をつくる」ということです。これは当然でしょう。経験を積めば積むほど、脳の中には情報が増えていく。〝概ね正しい〟直観の精度は、どんどん高まっていきます。

よく言う「ベテランのカン」とか「職人のカン」というのは、そのように長年の経験で蓄積された〝脳内データ〟をもとに成り立っているわけですね。

たとえば本書の内容は、私と編集者さんとエージェントさんの話し合いで出来上がっていますが、ここに「書店で本を売り続けて60年」なんていう方が入り、「こうしたほうが売れるぞ」などという意見を言われれば、やはり黙って従うよりほかにないでしょう。

しかしながら「市場」というのは年々に変化していますし、過去のデータがそのまま、現在にも正しい解答を示すとは限りません。やはり「予知」や「占い」とは違うのです。

けれども「自分自身のこと」であれば、自分の脳内にあるデータが、「最も自分にとっていい答え」を直観で示そうとするのは当然でしょう。

なにせ**「嬉しかった」「うまくいった」「よくなかった」「後悔した」という判断を示すデータは、全部私たちの脳内に情報として保存されているのです。**「自分が最も嬉しくなるようなこと」であるなら、無意識のうちに脳は、その選択をうながそうと示唆することが十分に考えられます。

かつてリンカーン大統領が人を採用するときは、相手の顔を見て、話も聞かずにその印象だけで直観的に判断をくだしたそうです。

採用されなかった人からすれば、「そんなことで落とされたのか」と憤慨しそうですが、リンカーンにとってはそれが最も信頼できる決め方だった――。

というのも、おそらく大統領になるほどの人間ですから、信頼していたのに裏切った人、本当に心から信じられる人、さまざまな相手をずっと見てきたはずなのです。ここには人格だけの話でなく、「仕事はできるだろうけど、自分には合わない」といった、相性の問題もあるでしょう。

その経験に基づいた直観が、相手を見たときに「この人はいいぞ」とか「こいつは当てにならないぞ」と囁《ささや》くのです。素直にその声に従えば、間違いはほとんど起こらない……。

もちろん、誰もがベテランと呼べるほどの人生経験を持っているわけではないし、仕事において誰よりも正しい判断が出せるということはありません。

ただ、**自分自身のことについては、自分がいちばん、つき合った経験を長く持っているのです。**あなたは「自分のこと」について、他の誰よりも考えてきたし、喜ぶようなことを選択してきたし、やりたがっていることも、興味の対象として意識していることも、じつは自分の脳がいちばんよく知っているはずです。

逆にやりたくないことも、本当は望んでいないことも、あなたの脳がいちばんよく認識しているでしょう。

だとしたら心の奥底で「こうしなよ！」と直観されることは、あなたにとっては〝正しい〟はず。素直に心に従って、すぐ動くことで間違いはありません。

▼すぐやる！の習慣術

自分の声から逃げない

もしこんな命令を受けたら、あなたは言う通りにする？

心の奥底で「こうしなよ！」と直観されることは、あなたにとっては〝正しい〟。

でも、「自分の心の声」に従えない人は大勢います。それよりも周りの声や、世間で言われる声に従ってしまう。

いったいそれは、どうしてなのでしょうか？

仕方がない？　そうではありません。

つまりは、**周りの声や世間の声以上に、自分を信じていないのです。**

自分の力よりも、権力の力だったり、社会の力だったり、世の中はそういうものだとか、とにかく本当はどこにあるかもわからない力によって、自分は押さえつけられているものだと信じ込んでしまっています。

たとえば極端な話ですが、あなたの会社の社長が突然、「自分は神だ」と言い出したとしましょう。

そしてこれまであなたの会社が売ってきた商品の代わりに、「これからは自分がサインをした色紙を取引先に売って来い」と命じます。値段も相当な額。

「これで取引先の人々は、みんな幸せになるはずだ。それを考えたら安いものじゃないか」と、社長は聞きません。

さあ、あなたはどうしますか？

サインを売りに行きますか？

まさか売りに行きませんよね。あなたの「心の声」は間違いなく、「そんなバカな！ やりませんよ」「売れるわけがないでしょう！」「お客さんたちに怒られますよ」と告げているはずです。

でも、「売ってくれれば給料を上げるよ！」「もう部長だって、課長だって、『それは素晴らしい』と認めているんだよ」「それに断るならわかっているんだろうな、この会社にいてもらわなくていいんだぞ」……なんて言われたらどうでしょうか。

それでも「やらない」という、心の声に従えますか？

スイッチ6で述べたように、ちょっと先の未来を予測すれば、やはり「やらない」が正しいのです。こんな社長のサインを売りつけるような会社が成り立つわけないし、間違いなくすぐに問題になります。やがて社長が解任させられるか、ひょっとしたら会社が倒産することになるかもしれません。

そのときに、強引に社長のサインを取引先に売りつけていたら、間違いなく人間関係を失っていることになります。

仮に会社がなくなり、新しく就職活動をすることになったとしても、「命令とはいえ、仕方なくインチキなものを売った社員」より、「断固としてそれを拒否した社員」であったほうがウケもいいでしょう。

現実にはここまでの理不尽は、なかなかないかもしれません。

けれども多かれ少なかれ、私たちは「会社がこう言うから」とか「それが決まりだから」とか、「そういうふうに言われているから」という理屈で、心の声を打ち消しています。

お金に余裕がないから、仕事が忙しいから、周りからの賛成が得られないから、どうせうまくいかないから……。

いろんな理由で私たちは「心の声」を打ち消すのですが、それならお金をかけない形で、少ない時間でもできるやり方で、周りを刺激しないように、うまくいかなくてもそれはそれで楽しめるやり方で、**いくらでも「動き出す」やり方は考えられます。**

ある女性起業家は、「子どもが生まれたら、ちょっとお洒落な服を着せてやりたいな……」なんていう理由でビジネスを始めたそうです。そのときは産婦人科の病院にノートパソコンを持ち込み、そこでホームページをつくってしまったとのこと。

心の声から逃げなければ、やり方というのは、いくらでもあるのですね。

▼すぐやる！の習慣術

己に責任をとる

どうして自分自身の声から逃げてしまうのか？

自分自身の心の声から逃げる。最後で述べておきたいのは、私たちは総じて「自分に対して無責任である」ということです。

自分が動かなければ、世の中の決まり事が、世間体が、会社が、上司が、家族が……いずれにしろ他の誰かが、あなたの行動を決めてくれます。その行動の選択に、あなたは責任を持たなくていいのです。

イヤだけど、責任は他者にあるから、不満を言っていれば、それで済む。そんな状態に、知らず識らずに満足してしまっています。

・会社で注目されるには、何より大きな成果を出すことだ

・上司に可愛がられるためには、進んで言うことを実行しろ
・収入を増やすには、何より効率的に働くべきだ
・仕事レベルを上げるには、たくさんの人脈をつくればいい

これらはすべて「正しい理屈」です。何も間違ってはいません。

でも、どこにも「あなたのために正しい」という根拠はありません。ただ「会社で注目されたい」とか、「収入を増やしたい」と思う人にとって〝正しい〟というだけです。

このような「いかにも正しい理屈」は、世の中のいたるところにあります。有名な人たちもそれを言うし、もちろん功績を残した素晴らしい方も言っています。私自身が本書で述べてきたこともまた、その一つに過ぎないのでしょう。

でも、どれも「あなたにとって正しい」とは限らないのです。

あなたにはあなたの〝正しい〟が確実にあり、自分にとって正しい生き方を選びたいなら、本当は世間一般の〝正しい〟ではなく、自分が出している答えに進むべきなのです。

なぜ〝不特定の誰かにしか通らない正しい〟を、自分を否定してまで、信じなければならないのでしょう。

私が知っているある人は、あるときふと「そうしよう」と思い立ち、勤めていた大きな会社を辞めて、世界を放浪する旅に出ました。

理由はよくわからない。誰もが反対したし、いまだにその理屈は、誰にも理解できない。けれどもその人は数年後に日本に帰ってから自ら会社を起こし、作家にもなり、大成功しました。

だからといって放浪すれば、誰でもそうなれるわけではありません。ただ、彼にとっては、そうすることが「正しい行動」だったのです。

それを素直に選んで、彼が正しいと思うところに収まった……。きっとそれだけのことなのでしょう。

▼すぐやる！の習慣術

自分らしくある

「世間一般」よりも、大切なのは「あなた」

「人という小さな存在がふと思いついたこと」は、誰にとっても「世間一般で言われていること」に比べて、はるかに矮小《わいしょう》に見えます。

でも、結局私たちは、自分を信じるしかないのです。

世間一般よりも自分のことを知っているのは自分だし、期待しているのだって、幸せになってほしいと願っているのだって、世間一般ではなく自分自身なのです。そうではありませんか？

子どものころにあなたは、「キュリー夫人」の伝記を読んだことがあるかもしれません。

正確に言えば、彼女の名はマリ・キュリー。ラジウムの研究で2度のノーベル賞に輝いた、女性物理学者です。

その昔に伝記を読んだときは、意識されなかったかもしれません。じつは彼女は、女性がまだ差別されていた当時にあって、現代ですら「不可能」と思えてしまうようなことを次々と実行してしまいました。どうしてそれができたかといえば、まさに「自分を信じたから」に他なりません。

マリ・キュリーは教育者だった厳格な父親の家に生まれますが、ポーランドの片田舎で、生活は決して豊かではありません。20代で学業への道を決心し、パリのソルボンヌ大学への進学を夢見ますが、家庭教師をしながら受験勉強するような境遇です。

この時点でもう、周囲に言わせれば「ムリでしょう」なんですが、彼女は合格し、すぐに学内でトップの成績をとるくらいになってしまいます。女だから、田舎の生まれだから、貧乏な苦学生だから……障害はさまざまあっても、「だからムリ」という発想は、彼女にはなかったわけです。

それから結婚し、「主婦業と研究業の両立はムリ」と周囲が考える中、育児までしっかりとしながら、夫ともに彼女は〝女性にはムリ〟と言われていたノーベル賞の受賞者となります。

けれども夫は、交通事故で若くしてこの世を去ってしまう。周囲はやはり「夫がいなければ研究はムリ」と考えるのですが、堂々と継続し、今度は学会でも「あり得ない」と考えられてきた2度目のノーベル賞を受賞してしまうのです。ついでに言うと、こんな研究一筋に見える人生の中、ちゃんと自分のプライベートな生活も重視し、科学者との派手なスキャンダルでもお騒がせになりました。

自分のやることに間違いはない、と絶対的に信じていたから、あきらめることなく、あらゆることを実現させたわけですね。

私たちは常日頃から、たくさんのムリな要因を並べあげ、「心の声」を抑え、「行動を起こさないこと」の理由にしています。

しかし、すでに見たように「失敗する可能性」は、行動しない理由にはなりません。ダメならダメでやり直せばいいし、あとは「行動したあとの自分」をどれくらい信じられるかなのです。

あなたがあなたの願うようにできなくたって、責めるのはあなた自身だけ。けれども責める必要などはまったくない。ただ、「うまくいかなくたって、前を向いていける自分」を信じてあげればいいだけ。

そのほうが実際、なんか〝格好いい〟とは思いませんか？

「できないと決めつけて、最初から行動しない自分」と「それでも何とかしようと一生懸命な自分」と、どっちを愛せるでしょうか？

難しいことではないのです。

「自分に対して責任を持つ」とは、それだけのこと。

せっかくここまで本書を読んでいただいたのですから、あなたにはぜひ、そうあってもらいたいものです。

おわりに

「すぐやる人」が新しい未来を開く

本書を読み終えたいま、あなたは何を考えるでしょうか？

さあ、行動を始めよう！
でも、何を？

自分がやるべきことというのが曖昧《あいまい》で、まだ動き出し方が見えてこない方も多いかもしれません。

別にそれはそれで構わない。ただ、「何かをしよう」と思い立ったとき、即座に行動が起こせるよう、本書を上手に活用していただけたらと思います。

これまでビジネスにおいては、考える能力の重要性がずっと説《と》かれていました。

単純な業務は、機械化、オートメーション化、ＩＴ技術……と、進化していく技術の中でどんどん淘汰《とうた》されていってしまう。だから機械に勝る人間の特性である、「考える能力」をフルに活用しないと、生き残っていけない……。そして実際、世の中はそのように進んでいったわけです。

ところが、**これからのＡＩ化は、そんな「考える能力」における、人間の優位性さえも脅かそうとしています。**

たとえば、お客さんの気持ちを読んだ営業をしたり、あるいは作家やデザイナーなど創造力を必要とする仕事は、これまで「いくらＩＴが進歩しても、機械に置き換えられない」と言われてきました。

しかし、ネット上の膨大なデータベースを利用して相手が喜ぶポイントを見抜いて行う人工知能の営業は、どんなおもてなし営業よりお客さんのツボにはまるとも言われています。またＡＩが小説を書いたり、デザインをつくることも可能になっており、全世界の人気あるコンテンツを分析できるなら、果たして人間の作家やデザイナーが、その作品に追いつけるかも微妙でしょう。

でも、逆に言うと、お客さんが予想もしなかった提案を思い切ってしてみたり。あるいは、どんなデータを見ても、それが「売れる」とも「好まれる」とも判別不能なものを、感覚だけで世にうったえてみたりするのは、いかなるAＩでも不可能なこと、となります。

理由は「それが売れると思ったから」とか、「自分がやりたかったから」と、まるで根拠にならないものかもしれない。でも、そんな**「すぐやる！」能力こそ、合理的な機械には絶対できない、人間にのみ可能なこと**だと思うのです。

本書で述べたように、人間というのは「考えすぎてしまう」し、「ナマケモノ」だし、「面倒くさいヤツ」であり、「ダマされやす」く、「ヘタレ」で「短絡的」で「優柔不断」な動物です。

それは進化上、むしろ「生き抜くため」に発達した特性だったのですが、そんな中にも少数の「すぐやる！」人々は存在しました。そして彼ら彼女らは、「きっとそのほうが幸せに生きられるだろう」と、大した根拠もなく樹上から降りて地上生活を始め、古代の農耕から現代のパソコンやスマホにいたるまで、ありとあらゆるイノベーションを成し遂げてきたわけです。

人がただ合理的に納得できないと行動できない性質だったとしたら、私たちはとっくの昔に絶滅していたかもしれませんね。

「すぐやる！」は決してリスクが高いわけでもないし、本書で述べてきたように、いろんな方法、いろんな考え方、いろんな対処の仕方で、**私たちは「いままでの自分」を、いますぐにでも変えていくことができるのです。**

ぜひあなたが、より素晴らしい人生をつくれるよう、いますぐできることを実践していっていただけたらと思います。

末尾になりましたが、本書の発行にあたっては、アップルシード・エージェンシーの鬼塚忠社長、きずな出版の櫻井秀勲社長と岡村季子専務、大岡千夏さんに大変お世話になりました。この場を借りて、御礼申し上げます。

夏川賀央

●著者紹介

夏川賀央 なつかわ・がお

1968年、東京都生まれ。早稲田大学第一文学部卒。
賢者のビジネス研究所株式会社代表取締役。
大手出版社など数社を経て独立。会社経営のかたわら、作家として活躍中。人材プロデューサーとして各分野の異才たちを発掘し、ネットワークを通じた"非組織プロジェクト"、あるいは「賢者の会」で多くのビジネスを成功させている。著作に『仕事ができる人の「アジア史」入門』『仕事ができる人の「日本史」入門』『時間を使う人、時間に使われる人』(きずな出版)、『なぜ、仕事ができる人は残業をしないのか?』(SBクリエイティブ)、『すごい会社のすごい考え方』(講談社)、現代語訳書に『武士道』『茶の本』『風姿花伝』『努力論』『啓発録』(致知出版社)、『スマイルズの「自助論」』『マキャベリの「君主論」』(ウェッジ)など多数。
http://gao-kai.com/
著者エージェント:アップルシード・エージェンシー
http://www.appleseed.co.jp/

「すぐやる!」で、人生はうまくいく
――「できない」を「できる」に変える7つのスイッチ

2018年1月1日　初版第1刷発行

著　者　夏川賀央
発行者　櫻井秀勲
発行所　きずな出版
東京都新宿区白銀町1-13　〒162-0816
電話 03-3260-0391
振替 00160-2-633551
http://www.kizuna-pub.jp/

ブックデザイン　福田和雄（FUKUDA DESIGN）
印刷・製本　モリモト印刷

 ISBN978-4-86663-020-5

きずな出版